O Afallon i Shangri La

Llion Iwan

Argraffiad cyntaf—2001

ISBN 1 89502 919 1

ⓗ Llion Iwan

Mae Llion Iwan wedi datgan ei hawl dan
Ddeddf Hawlfraint, Dyluniadau a Phatentau 1988
i gael ei gydnabod fel awdur y llyfr hwn.

Dymuna'r cyhoeddwyr gydnabod cymorth
Adrannau Cyngor Llyfrau Cymru.

Argraffwyd gan
Wasg Gomer, Llandysul, Ceredigion SA44 4QL

Cynnwys

1. Breuddwydio 7

2. Beijing 11

3. Cyrraedd 18

4. Kundun 26

5. Shangri La 34

6. Cychwyn 40

7. Polion 46

8. Ofn 52

9. Cuddio 60

10. Pynctiar 65

11. Xigaze 70

12. Gwynt 76

13. Tarmac 85

14. Everest 94

15. Chomolungma 102

16. Y Deintydd 110

17. Chang 116

18. Gadael 122

Cyflwynedig i Nain,
Mrs Doris Thomas

a diolch i
Iolo Huws Roberts

1

Breuddwydio

Nytha Afallon, cartref fy mam, ar ochr ffordd brysur yng nghysgod tri mynydd: y Du, yr Eilio a'r Mawr, sef yr Eliffant i blant yr ardal. Gorffwysa llethrau isaf hwnnw yn ddiog yn nyfroedd llyn lle y cychwynnais bysgota. Disgybl difynadd oeddwn a byddai'r cnafon bach llithrig yn ddiogel bob tro y ceisiwn eu temtio. Ond byddwn wrth fy modd yn pacio'r gêr ar fy nghefn, yn llenwi fy mhocedi â bisgedi siocled ac yn seiclo'r ddwy filltir i'r llyn. Ges i lond bol yn y diwedd a gwerthais y wialen i fab pengoch plismon y pentre.

Y mynyddoedd yma oedd ffiniau daearyddol fy myd pan oeddwn yn fengach. Ar eu copaon roeddwn uwchlaw'r byd i gyd, hyd yn oed yr awyrennau rhyfel a flinai'n pentref gan sgrechian yn isel trwy'r dyffryn. Wrth iddyn nhw wibio islaw edrychent fel pysgod arian yn disgleirio rhwng cerrig afon fas yn yr haf.

Dysgais am deulu brenhinol y mynyddoedd, yr Himalayas, wrth ddarllen, ac roedd y lluniau o'r mynydd-oedd anferth dan fôr o eira yn fwy na digon i danio fy nychymyg. Y teimlad o unigedd a diffeithwch llwyr gydag ond ambell fynachlog yn werddon o gysgod yma ac acw. Byddwn wrth fy modd yn yr eira. Doedd dim i guro'r wefr o godi yn y bore a gweld y wlad yn wyn; yna gwenu wrth sylwi nad oedd cyflenwad trydan a gwybod y byddai'r ysgol ar gau. Gwisgo dau bar o jîns dros sanau trwchus, a welingtons, côt, sgarff, a menig sgio oedd yn ddelfrydol ar gyfer gwasgu eira yn beli criced o rew.

Y clasur gan Heinrich Harrer, *Seven Years in Tibet* a daniodd fy nychymyg o ddifrif. Unwaith eto roedd fy meddwl yn gwibio i ben arall y byd, fel gwennol yn mudo dros y gaeaf. Dyna oedd fy nghuddfan rhag diflastod. Dychmygwn mai dwy chwaer oedd yr Wyddfa ac Everest a gafodd eu gwahanu am byth filiynau o flynyddoedd yn ôl.

Am flynyddoedd, dim ond lluniau yn fy meddwl oedd Tibet, fel atgofion am hen gariad. Ond yn raddol, blagurodd cynllun. Yng ngwanwyn '95 darllenais hanes criw a deithiodd ar feiciau mynydd ar hyd un o lonydd uchaf y byd. Mil o gilomedrau ar hyd ffordd drol sy'n ymestyn trwy galon yr Himalayas, llwybr caregog a llychlyd sy'n arwain i ddyffrynnoedd gwyrdd trofannol Nepal. Doedd neb wedi mentro ei thaclo tan yr wythdegau, a dim ond criwiau bychain oedd wedi cwblhau'r daith. A dyna'r her. Taith arbennig dan 'do y byd'.

* * *

Caerdydd a Beijing, Mai 4
Byth ers imi fod ar wyliau yng Ngwlad Groeg pan oeddwn yn blentyn—yn sefyll ar fwrdd llongau fferi ac yn gwylio ynysoedd yn diflannu i'r gwyll—dwi wedi teimlo bod hud arbennig yn perthyn i deithio. Ond y bore yma teimlaf fel petawn ar fin sefyll arholiad. Y cymysgedd od hwnnw o ofni'r gwaethaf ac edrych ymlaen. Rwyf ar fin camu i ystafell dywyll tra bod y golau cyfarwydd yn pylu yng nghil y drws y tu ôl imi nes diffodd yn llwyr.

Taith ddidrafferth i Beijing heblaw am y gŵr tew drws nesaf sy'n dychwelyd i'w wlad enedigol. Gorlifa'i freichiau a'i goesau dros ochrau ei sedd a gwinga yn ei gwsg fel petai nythaid o forgrug yn cael gwersi tango yn ei ddillad isaf.

Yn adeilad gorlawn y maes awyr mae'r paent gwyrdd yn disgyn oddi ar y waliau gan orchuddio'r llawr concrit fel plisgyn wy. Yn gyntaf rhaid casglu'r bagiau sydd newydd eu chwydu o grombil yr awyren. Rwy'n melltithio'r holl stwff sydd gen i. Ar droli, gorffwysa bag mawr du sy'n dal y beic a'r holl offer y bydd eu hangen arna i i'w gynnal ar y daith. Ar fy nghefn mae rycsac werdd yn bygwth chwalu dan straen y bwyd, dillad a deunydd meddygol sydd wedi'u stwffio i'w berfedd; bag plastig yn fy llaw, yn ogystal â 'nghôt a llyfr.

Wrth imi nesáu at swyddog pasbort sy'n gwisgo menig gwyn fel dyfarnwr snwcer, mae un frawddeg o Saesneg chwithig oedd ar y ffurflen gais am fisa yn fy meddwl: 'Foreign guests should not bring own bicycles into People Republic of China.' A tydi'r ffaith fod y frawddeg yna'n dod cyn y rhai sy'n gwahardd mewnforio gynnau, deunydd ymbelydrol, cyffuriau a phornograffi ddim yn helpu chwaith. Ond stamp yn y llyfr yw fy unig gosb ac rwy'n rhydd i ymuno â'r dorf swnllyd, sy'n cymryd dim sylw o fy ngolwg dlodaidd.

Er ei bod yn fore yn Beijing, mae'n dywyll y tu mewn i'r maes awyr, a channoedd o bobl o bob lliw a llun yn gwau trwy'i gilydd. Arogl hen fwyd, llwch a chwys yn llenwi fy ffroenau. Gwisga'r brodorion gymysgedd o grysau-T cwmnïau chwaraeon, neu grysau silc a siwtiau tenau a'r labeli'n dal ar y llewys. Yna daw'r ymwelwyr, yn gymysgedd o bob cenedl dan haul, yn cael eu hebrwng mewn criwiau mawr at fysiau moethus fydd yn eu cludo i'w gwestai. Dyheaf i fod ar un ohonyn nhw.

Rwy'n poeni sut i gyrraedd y ddinas heb wario fy arian ar y gyrwyr tacsis sy'n disgwyl fel adar sglyfaethus am y teithwyr dryslyd o'r Gorllewin.

Llwyddaf i brynu tocyn bws i ganol y ddinas trwy bwyntio at yr enw mewn sgript gelfydd yn y llyfr taith a chodi fy sgwyddau'n awgrymog. Tua phunt am daith tri chwarter awr. Yna rhaid ceisio canfod y bws, eto trwy bwyntio at enw a chodi'r sgwyddau. Mi fydd y trowsus gwlân a'r sgidiau cerdded werth y byd ynghanol yr Himalayas, ond nid yng ngwres boreol, myglyd Beijing.

Gwenu'n llydan a dangos ei ddannedd drwg wna gyrrwr y bws yn ei grys tenau. 'You welcome,' ydi swm a sylwedd ei Saesneg, ac rwy'n amlwg yn destun difyrrwch mawr iddo fo a'i ffrindiau sy'n syllu'n gegagored arna i. Rwy'n teimlo fel anifail mewn sw.

Yn swatio yn nwylo pob un mae hen jariau gwydr yn llawn dail mawr brown yn nofio mewn dŵr tywyll. Er mor anghynnes yr olwg ydi'r te cartref yma, mae 'nghorff—a'r cloc mewnol wedi drysu'n lan ac yn disgwyl i haul y bore fachlud unrhyw eiliad—yn crefu am ddracht ohono.

2

Beijing

Beth wêl trigolion Beijing toc wedi saith o'r gloch y bore Iau yma? Llanc wyneb gwelw, yn dal a thenau, wedi cneifio'i wallt mor agos ag y gallai at ei gorun. Esgidiau cerdded brown heglog, trowsus mynydda trwchus, a chrys-T ffug Ralph Lauren wedi'i brynu yn Hong Kong am bunt a chweugain y llynedd; côt drwchus dros ei ysgwydd, ac yn cario nifer o fagiau mawr, digon diolwg. Am y tro cyntaf yn fy mywyd rwy'n teimlo fel dieithryn llwyr.

Brwydra'n bws trwy'r tagfeydd traffig sy'n bla ar y ddinas—cynyddodd nifer ceir Beijing o ddau gan mil i dros filiwn a hanner mewn llai na deng mlynedd. Ond eto mae miloedd ar filoedd o feiciau mawr du, henffasiwn yn llifo'n eofn ar hyd y strydoedd. Erbyn cyrraedd y swyddfa deithio, dyw 'nghrys-T yn ddim ond cadach gwlyb ar fy nghefn. Bûm yn yr union swyddfa y llynedd yn trefnu taith i Shanghai. Eleni mae'r lle'n llawn llwch ac adeiladwyr.

'Rwy'n eich cofio chi,' medd Mrs Wang sy'n rhedeg y swyddfa deithio. Bron imi chwerthin. 'Roeddech chi yma'r llynedd ac am deithio i Shanghai gyda dau ffrind.' Mae'r wên yn diflannu a syllaf yn hurt ar y ddesg o'i blaen. Dynes fechan yw hi, a'i gwallt du yn sgleinio mewn pelen ar dop ei phen. Siarada Saesneg rhugl.

''Dach chi'n bwriadu mynd yn ôl i'r un lle?' gofynna, wrth gyfieithu cyfeiriad fy ngwesty'n ofalus gan ymgynghori â'i chyd-weithiwr bob yn ail air. Dwi ddim yn siŵr be i'w ddweud gan fy mod yn amheus, ac yn ofnus, o'r cyfyngiadau caeth a wyneba unrhyw dramorwr sydd am deithio i Tibet. Ond rhaid gofyn rywbryd, a waeth i fi ddeud wrth Mrs Wang nag wrth neb arall. 'Mi hoffwn ymweld â nifer o lefydd—dinas Xian i weld y fyddin *terracotta* ac ati, ac os oes amser, falla Lhasa,' atebaf, gan geisio swnio mor ddidaro ag y gallaf. 'Dim problem,' medd hi, gan ddechrau llunio cynllun teithio manwl, a hynod ddrud. Ond mae'r drws i Dibet ar agor ac mae hynny'n tawelu fy ofnau.

* * *

Yr wythnos diwethaf yn Delhi, roedd gŵr hanner cant oed o Dibet wedi tywallt petrol dros ei gorff a'i losgi'i hun i farwolaeth yn gyhoeddus. Cefnogai ympryd chwech o Dibetiaid oedd am eu llwgu'u hunain i farwolaeth er mwyn tynnu sylw at dynged eu gwlad. Pump ar hugain oed oedd un o'r chwech, sef Karma Sichoe, peintiwr cerfluniau crefyddol. Lladdwyd ei dad yn Nhibet gan filwyr China a bu farw ei fam mewn gwersyll ffoaduriaid. Stori drist ond un gyffredin iawn ymysg pobl ei wlad. Breuddwydio am wyliau yn Nhibet oeddwn i yn bump ar hugain.

* * *

Simatai, Beijing, Mai 7
Gwendid ynof—cynhenid dwi'n meddwl—yw methu â chyrraedd yr un fan yn brydlon, felly doedd Dylan ddim yn synnu iddo orfod aros amdana i ym maes awyr Beijing. Y tro diwethaf imi ei weld, ddeg mis yn ôl,

roedd ar fin gadael am Awstralia. Y bore yma hefyd mae'n gwegian dan bwysau nifer o fagiau, a saif ben ac ysgwyddau'n dalach na neb arall.

Diflanna'r oriau nesaf wrth i ni rannu straeon a phrynu tocynnau i Chengdu ac yna Lhasa. Bwytwn frecwast syml ar y stryd o wyau wedi'u ffrio rhwng bara wedi'i dostio. Cawn ein swyno gan ehangder a thawelwch sgwâr Tiananmen, a rhyfeddwn at y miloedd ar filoedd o bobl sy'n sefyll yn amyneddgar bob bore cyn cerdded trwy fawsolëwm y Cadeirydd Mao. Mao Zedong oedd ei enw bedydd, ond fel Mao Tse-tung neu'r Cadeirydd y'i hadwaenid erbyn iddo reoli'r wlad. Rhaid i'r ffyddlon ddisgwyl am oriau er mwyn cael edrych am hanner munud ar gorff sydd wedi marw ers dros ugain mlynedd. Ym Mhalas yr Ymerawdwyr mae'r waliau cerrig anferth a'r tonnau diddiwedd o ymwelwyr sydd fel locustiad ymhobman yn ein diflasu. Felly ar ôl cinio o gnau wedi'u rhostio mewn padell ar y stryd, a bresych mewn toes a saim poeth yn diferu ohono, awn i ardal Simatai i weld y Mur Mawr.

Mae 'nghefn yn foddfa o chwys ac mae'n anodd anadlu wrth ddringo'r grisiau cerrig serth i gyrraedd y mur. Rwy'n edifarhau na thalais am lifft ar y *cable car*, ond mae'r mur sy'n ymestyn fel ffordd garegog lydan dros y mynyddoedd yn anhygoel. Biti fod rhyw ffŵl wedi mynnu gosod ciosgs ffôn melyn a glas arni. 'Hei, Mam, nei di byth ddyfalu lle dwi rŵan,' ydi'r sgwrs, mae'n siŵr ym mhob iaith dan haul o'r ciosgs hyll yma. A chaiff naws y mur ei sbwylio i raddau gan y pla o werthwyr jync twristaidd sydd yno. Cyniga'r rhain bob math o grysau-T gwael, gan addo telerau anhygoel os oes gynnoch chi ddoleri gwyrdd Yncl Sam i'w gwario.

Ar y trip yma gyda ni mae cwpl Americanaidd, fo wedi hen ymddeol ond 'yn gweithio'n y wlad uffernol yma fel ymgynghorwr cyflenwad trydan i wneud mwy o arian.' Mae wedi'i wisgo fel petai ar fin chwarae golff ac yna'n mynd i barti gwsig ffansi. Edrycha'i wraig fel hen brŵn sy wedi bod yn yr haul yn rhy hir, a myn fod porthorion yn ei chario mewn basged.

Cwrddwn â Gwyddel ar y bws, awdur sydd wedi teithio ledled Asia ond sy nawr ar ei ffordd adref i Rydychen i gwblhau gwaith ymchwil. Er ei fod wedi teithio am fisoedd mewn gwledydd poeth, mae croen ei wyneb fel toes. Gall siarad ag awdurdod am bob pwnc dan haul: gwleidyddiaeth asgell dde Awstralia, hen hanes y Celtiaid, neu dwf a datblygiad economi'r Dwyrain. Af i gysgu gan adael i Dylan siarad.

* * *

'Nôl yn Beijing, rhyfeddwn o'r newydd at y gwaith adeiladu di-baid a'r defnydd o'r llafurlu parod ar y strydoedd. Yng Nghymru mae gweithwyr yn defnyddio peiriannau i dyllu trwy goncrit i osod pibellau. Yma, sefyll ysgwydd wrth ysgwydd mewn llinell hir fel siopwyr ar fore sêl mis Ionawr yw'r arfer, a gwneud y gwaith yn gyfan gwbl â dwylo a rhawiau. Yn y brifddinas maent yn gweithio mewn shifftiau trwy gydol y dydd, tra cysga'r rhai lwcus ar y stryd neu ar balmant wrth ymyl y safle adeiladu. Ond mae bywyd a gwaith yn rhad yn China.

Llynedd teithiais ar gwch ar afon Dongjiang yng nghanolbarth y wlad dan haul poeth. Yn sydyn clywsom ffrwydrad, a throdd dŵr yr afon yn frown. Trwy'r mwg gwelsom safle adeiladu pwerdy ar lethrau'r afon dan gwmwl o lwch, a thorf o weithwyr yn prysur glirio'r glannau. Yn yr afon roedd corff gwaedlyd yn nofio wyneb i waered. Chymerai neb sylw o'r corff, a symud y cwch i ochr arall yr afon wnaeth y capten heb edrych ddwywaith arno.

Mewn ambell fan ar strydoedd Beijing mae drewdod a llwch ofnadwy, ac mae'r hen adeiladau deulawr traddodiadol, yr *hutongs*, yn cael eu chwalu fesul stryd. Angenfilod gwydr, alwminiwm a choncrit sy'n cymryd eu lle fel addoldai i'r duw arian yn y Gorllewin.

Cawn swper ar y stryd gyda'r nos mewn marchnad awyr agored anferth sy'n ymddangos gyda'r gwyll yn ddiffwdan bob dydd, ac yn diflannu'r un mor chwim wrth i'r strydoedd ddistewi. Platiad o nwdls plaen yn ddigon diogel, fel y bananas a chorgimychiaid wedi ffrio. Dim ond syllu a wnaf ar y locustiaid a'r chwilod du sy'n cael eu paentio â siwgr a mêl cyn eu ffrio'n fyw. Blaswn bysgod o bob math, a choesau llyffant digon blasus, ond tenau fel pensil, a chig amrywiol nadroedd sy'n blasu fel cyw iâr seimllyd.

Mae fel arch Noa yma. Mewn cawell metel mae neidr fyw yn cael ei phoenydio gan ddau fachgen â ffyn. Gwelwn gŵn bach ar werth mewn basged—ac nid fel anifeiliaid anwes yn unig y cânt eu prynu—a hyd yn oed fochyn daear truenus yr olwg. Caiff hwyaid byw eu cario ben i lawr fesul dwsin a'u traed wedi'u rhwymo wrth bolyn yn gorffwys ar ysgwyddau hen ddynes gefngrwm. Drws nesaf i'r farchnad draddodiadol yma, mae siopau dillad Americanaidd drud. Yr unig bobl leol ynddyn nhw yw'r gweithwyr, ac mae gan bob un gerdyn a'i enw arno. Ond rwy'n amau'n fawr ai Luke, Judith, John a Lee oedd yr enwau bedydd a gawson nhw'n wreiddiol.

Mae'n gwesty poenus o foethus yn llawn Americanwyr swnllyd sy'n mynnu clapio'i gilydd ar eu cefnau wrth fwyta, ac yn trin y staff fel baw. Coda un hen ŵr ei ffon ar weinydd a phrotestio'n uchel iddo gael coffi yn lle te. A'i sylw, 'Well, what do we expect anyway . . .' yn ennyn cymeradwyaeth ei gyd-deithwyr yn eu plisgwisgoedd llachar, cras a'u gemwaith drudfawr. Rwy'n fwy na pharod i adael y brifddinas fyglyd yma.

*   *   *

Collwn yr awyren i Chengdu y bore 'ma, ac ar ôl munudau o banig, ac yna chwerthin, rhaid newid y tocynnau a disgwyl am yr un nesaf i adael y maes awyr prysur. Ar felt pob dyn ac yn llaw bron pob merch mae ffôn symudol, ac mae gan y rhan fwyaf *pager* hefyd ar gadwyn aur ar ochr arall y belt. Gobeithio i'r nefoedd eu bod am eu diffodd cyn mynd ar yr awyren; dwi wedi clywed mwy na digon am ddamweiniau awyren yn y wlad yma'n barod. I arbed arian, mae'n debyg yr adeiledir rhannau sbâr ar gyfer awyrennau mewn ffatrïoedd cefn gwlad cyntefig sydd heb yr offer angenrheidiol ar gyfer y gwaith. A tydi sylwi ar y sbwng a thâp sy'n dal rhai o waliau'r awyren yn sownd wrth y ffrâm ddim yn ennyn hyder yn rhywun, chwaith. Dyrnaid o bobl wynion sydd ynghanol y ddau gant o deithwyr. Un hen ŵr gyda merch ifanc iawn o China, ei farf wen wedi'i thorri'n ofalus, a'i het Banamâ, ei siaced las a'i grafat yn rhoi golwg Ffrengig iawn iddo. Wrth imi edrych arno, dwi bron ddim yn sylwi ein bod wedi cychwyn, wrth i'r awyren lithro'n esmwyth ar gymal nesaf y daith. Od yw gwylio'r merched yn dangos inni sut i wisgo siaced achub gan nad ydym am fynd yn agos i fôr.

*   *   *

Yn llawlyfr yr awyren mae nifer o straeon tebyg i'w gilydd, ond 'run yn sôn am deithio, neu'r ffilmiau diweddaraf, nac yn clodfori cardiau credyd. Dangosant obsesiwn y wlad â gwella pobl sâl. Dewisaf un ohonynt gan obeithio na chollaf ddim wrth gyfieithu.

'Ar 21 Hydref 1997 yn ninas Fuzhou, fe gafodd criw awyren gais annarferol. Roedd un o'u teithwyr yn dioddef o losgiadau difrifol dros ei gorff, a phan gyrhaeddodd roedd mewn cyflwr gwael. Roedd y pws melyn wedi socian trwy'r cadachau ac roedd y clwyfau'n rhy ofnadwy i edrych arnyn nhw. Bu i'r capten ymddwyn fel cadfridog ac arloeswr dewr, gwnaeth bopeth dros y claf, er gwaethaf yr oglau ofnadwy oedd yn dod o'i glwyfau. Mor ofnadwy oedd yr oglau fel na allai hyd yn oed ei berthnasau edrych arno na'i wynebu. Allai'r truan ddim cnoi bwyd, felly roedd yn rhaid meddalu bisgedi mewn dŵr cynnes i'w fwydo. Cyrhaeddodd yn ddiogel, ac o dan haul braf ac awyr glir yr hydref, cyrhaeddodd melodi ei ofal ei uchafbwynt. Cludwyd y claf dieithr i'w ambiwlans a ffarweliodd â phawb wrth gychwyn ar fywyd a thaith newydd.'

Does fawr o archwaeth arna i am fwyd yr awyren.

3

Cyrraedd

Chengdu, y de-orllewin, Mai 10

Mewn cornel ar sgwâr ynghanol Chengdu mae clamp o gerflun o'r Cadeirydd Mao. Mwya'n y byd gorthrwm yr arweinydd, mwya'n y byd y cerflun a godir fel teyrnged, medd hen ddywediad yn y Dwyrain. Tŵr Marcwis Môn o gerflun ydi hwn. Dangosir Mao yn gwisgo'i ddillad syml o siaced a throwsus, a'i law yn ymestyn yn agored tuag at y bobl. Bellach, arwyddion coch a glas Coca-Cola a Panasonic mewn neon llachar sy'n gefndir i'r cerflun.

Dinas o ddeg miliwn o bobl ydi Chengdu, prifddinas y dalaith a chanolfan gwarchod pandas. Mil ohonyn nhw sydd ar ôl yn y byd. Cerddwn y strydoedd prysur a mynd ar goll yn llwyr cyn gorffwys mewn parc o laswellt gwyrdd. Eistedda dau Dibetiad yn eu hugeiniau cynnar ar y fainc agosaf aton ni. "Fy enw i ydi Lobsang Samten. Ydech chi'n mynd i Dibet?" gofynna'r tywyllaf o'r ddau, gan bwyso'n nes atom. Pryd a gwedd nomad sydd ganddo: wyneb llydan, fflat, a'r llygaid tywyll led llaw oddi wrth ei gilydd. Mae wedi'i wisgo'n dwt mewn crys, siwmper liwgar a throwsus plaen.

'Rwy'n dod o ardal Amdo, ond yn gweithio yn Chengdu ac yn ceisio gwella fy Saesneg. Allwch chi fy helpu?' gofynna Lobsang mewn llais melodaidd swynol, gan agor bag canfas du a thynnu llyfr nodiadau o'i grombil. Mae hwnnw'n orlawn o eiriau Saesneg mewn ysgrifen dwt, ochr yn ochr ag eglurhad mewn Tibeteg. (Mae sgript hir a llyfn Tibeteg yn dra gwahanol i un gelfydd ond sgwâr Chinëeg.) Gofynna i ni ynganu rhai geiriau sy'n peri trafferth iddo, a gwna nodiadau manwl ar bopeth sy'n newydd.

'Dwi'n dysgu Saesneg gyda chymorth athro a llyfrau,' medd Lobsang, 'ond rhaid i fi ymarfer yn gyson, sydd ddim yn hawdd. Rwy'n gobeithio mynd i'r brifysgol rywbryd, er bod gwaith mawr o fy mlaen cyn hynny,' eglura, wrth agor ei fag eto. Symuda'i fysedd a'i ddwylo'n llyfn, er eu bod yn dywyll ac yn wydn fel lledr. Yn y bag mae dau gamera hynafol—un gan Karl Seiss— ac mae Lobsang yn eu trin fel petai'n gafael ym mhen babi newydd ei eni. Eto mae'n fwy na pharod i adael i ni eu byseddu.

'Dyma fy nghartref a 'nheulu,' medd ef a thinc o falchder yn ei lais wrth ddangos nifer o luniau i ni o lyfr lloffion sydd hefyd wedi ymddangos o grombil y bag wrth ei ochr. Teulu wedi'u gwisgo yn nillad lliwgar a thrwchus y nomad, yn sefyll yn gefnsyth a di-wên gan syllu i lygad y camera, fel lluniau capeli troad y ganrif 'nôl yng Nghymru. Trwy gydol y sgwrs ni ddywed cyfaill Lobsang air ar ôl cael ei gyflwyno fel Sonam Wanjo. Gwena yntau'n gyfeillgar, ond mae'n amlwg nad yw'n deall cymaint o Saesneg er ei fod yn talu dipyn o sylw i bob nodyn newydd yn llyfr Lobsang. Un byrrach ydyw, dipyn teneuach, a golwg feddalach ar ei wyneb a'i ddwylo. Hana ei deulu o Lhasa, prifddinas Tibet.

'Mi hoffwn deithio o amgylch Tibet ryw ddydd, yn tynnu lluniau o bopeth, ein diwylliant a'n ffordd o fyw, fel bod cofnod gennym o'r hyn a fu,' ychwanega Lobsang, gan siarad yn ddwys am eiliad. 'Ond yn gyntaf rhaid ceisio ennill cystadleuaeth ffotograffiaeth er mwyn cael arian i fynd i'r brifysgol a gwneud enw i fi fy hun.'

Mae'n cadw'i gamera a'r llyfr nodiadau yn ofalus yn ei fag. 'Diolch ichi am eich help, achos ddim yn aml dwi'n cael cyfle i ymarfer fy Saesneg fel hyn.'

Tra bu'n siarad bu merch fach hynod o fudr a throednoeth yn mynnu'n sylw trwy geisio'n cicio a'n pinsio, neu fachu beth bynnag oedd wrth law. Begera oedd hi, a sylwais ar yr hen ŵr oedd gyda hi yn ei hanfon draw at bob criw yn y parc yn eu tro. Troi 'nghefn arni wnes i gan fod cymaint yn begera yma. Yna cwyd Lobsang gywilydd arna i wrth dynnu o'i boced becyn bychan o arian papur bratiog wedi'i blygu'n ddestlus. Dewisa un yn ofalus a'i roi yn llaw y ferch fach, a sgriala hithau at yr hen ŵr. Ymwelydd euog iawn sy'n dychwelyd i'w ystafell westy fudr yn ninas Chengdu yn y glaw trwm.

* * *

Wrth adael yng ngolau gwan y bore bach mae'n dal i lawio'n drwm, ac yn fuan rydym yn hedfan dros fôr o fynyddoedd dan gapiau gwyn. Mae rhai mor agos, bron na allwn eu taro â gwialen bysgota o'r awyren. Mae'r olygfa bron fel bod mewn cwch isel ar fôr garw gyda'r tonnau'n torri'n wyn o'n hamgylch yr holl ffordd at y gorwel.

Mae'r eira a welaf o'r awyren wedi tagu'r wlad ers hydref diwethaf. Claddwyd y glaswellt gan y stormydd trymaf ers degawadau ac mae miloedd o *yaks*— creaduriaid trwsgl tebyg i'r byffalo—wedi llwgu i farwolaeth. I'r gymdeithas nomadaidd sy'n dibynnu ar yr anifeiliaid yma am fwyd a chrwyn, bu'n ergyd farwol. Fydd neb yn siŵr faint fu farw o ganlyniad i'r stormydd a'r daeargrynfeydd nerthol a ysgwydodd yr ardal yn yr un cyfnod. Hawdd dychmygu ofn y nomadiaid yn eu pebyll o grwyn *yak* wrth i'r ddaear ysgwyd—wyth daeargryn mewn mis, ac un yn mesur 7.5 ar y raddfa Richter—ac wrth i'r eira ddisgyn yn drwm bob nos am fisoedd.

* * *

Gongkar a Lhasa, canolbarth Tibet, Mai 11
Ydi'r nen yn agosach yma neu ydi 'nychymyg yn cynllwynio â'r awyr denau i 'nhwyllo? Ar y daith fws tua naw deg cilomedr o faes awyr Gongkar i ddinas Lhasa—enw sy'n golygu 'llecyn y duwiau'—rwy'n syllu ar bopeth o'm hamgylch. Dawnsia'm llygaid fel petawn yn gwylio gêm o dennis. Am flynyddoedd dim ond yn fy mreuddwydion ac mewn llyfrau y bodolai'r golygfeydd a'm hamgylchyna.

Dim ond ambell i lwyn wedi'i grymanu gan y gwynt sy'n torri ar yr undonedd. Teithiwn trwy ddyffryn llydan a gwastad gydag afon Yarlung Tsangpo yn cordeddu'n ddiog trwy'i ganol. (Llifa i India gan dyfu o fod yn nant i fod yn un o brif afonydd y cyfandir, y Brahmaputra.) Ar ei glannau mae dyrnaid o goed esgyrnog ac ambell lwyn yn ymladd am fywyd. Draw ar y gorwel cwyd cyfres o fynyddoedd anferth tua'r nen a'u capiau gwyn yn sgleinio yn haul llachar y bore cynnar, fel cewri o dderwyddon.

Roedd y munudau ar ôl i ni lanio a chyn i fi allu cerdded ar y tarmac tu allan yn teimlo fel oes. Am eiliad fe gefais fy siomi gan nad oedd dim yn teimlo'n wahanol yma yn Tibet. Yna dechreuodd fy nghalon guro fel injan ddyrnu wallgo ac roedd fy ysgyfaint yn sgrechian am fwy o ocsigen yn yr awyr denau ar ddeuddeg mil wyth gant o droedfeddi. Yr uchder sy'n golygu fod y lliwiau gymaint cyfoethocach yma. Teimlaf fel petawn wedi treulio 'mywyd yn edrych trwy sbectol fudr a 'mod newydd ei glanhau. Mae glas yr awyr gartref fel lliw'r môr mewn storm aeafol, ond yn Nhibet mae'n debycach i liw'r môr yn yr haf.

Collaf fy ngwynt hefyd wrth sylwi ar yr olygfa. Teimlaf mor fychan yng nghanol y dyffryn gyda mynyddoedd anferth wedi'u gorchuddio â haenen o dywod bob ochr, ac yna draw i'r gorllewin yr Himalayas yn hoelio'r sylw. Rhaid sefyll yn llonydd oherwydd 'mod i allan o wynt, a chwys yn powlio oddi arna i, ond rwy'n meddwl mai dyna be fyswn i wedi ei wneud beth bynnag.

Ar greigiau, waliau a thoi adeiladau ymhobman ar y ffordd o'r maes awyr sylwaf ar lympiau crwn o rywbeth tebyg i fwd brown yn sychu yn yr haul. Ond nid mwd mo hwn, ond yn hytrach baw *yak* sy'n cael ei gasglu a'i sychu fel y gellir ei ddefnyddio fel tanwydd. Ni chaiff unrhyw beth ei wastraffu yn y wlad hon. Caiff braster yr *yak* ei grafu oddi tan y croen i'w ferwi ar gyfer gwneud te. Hallt a seimllyd iawn ydi'r te menyn *yak* sydd mor boblogaidd yn Nhibet, ac rwyf wedi addo na chyffyrddaf ag ef.

Rwyf wedi fy swyno gan y bobl yn eu dillad lliwgar. O 'mlaen i ar y bws mae bachgen tua dwyflwydd oed wedi'i wisgo mewn siwmper drwchus o felyn a glas tywyll gafodd ei gwau gartref. Ar ei ben mae cap pêl fas bychan Chicago Bulls, a nawr ac yn y man fe fydd yn ei godi, yn crafu'i ben â'i law arall cyn smwytho'i wallt du ac ailosod y cap ar ei ben fel hen ŵr. Llygadau dwfn, brown sydd ganddo mewn wyneb llydan, a'r bochau fel tasa nhw wedi'u sgwrio â brwsh haearn. Mae croen ei wyneb yn arw ac yn dywyll fel cig wedi'i losgi—effaith pelydrau'r haul a'r gwynt cryf tywodlyd ar yr uchder yma. Yr un ydi tynged bochau'r rhan fwyaf o bobl y wlad.

Er ei fod yn gorfod sefyll trwy gydol y daith nid yw'n cwyno, ond gafaela yng nghoes ei fam ag un llaw a dal papur arian yn dynn yn ei ddwrn arall. Gafaela hithau'n dynn ynddo yntau, gan wenu'n llydan bob tro mae'n dal fy llygaid i neu un o'r pedwar teithiwr gwyn arall sydd ar y bws. Gwisga siwt smart o drowsus a siaced lwyd, ac yn fuan sylwaf ei bod yn gyffredin iawn i ferched Tibet wisgo fel hyn.

*   *   *

Dinas flêr a llychlyd ydi Lhasa. Does 'na'r un adeilad uwch na thri llawr heblaw am Balas y Potala, sef cartref y Dalai Lama. Dyma ganolbwynt y brifddinas, adeilad sy'n debycach i gaer nag i deml, wedi'i baentio'n wyn a choch. O flaen y Potala mae ffordd lydan a bryn caregog o'r enw Chakpori. Ar hwn y lleolwyd coleg meddygol y Mendezhong, a sefydlwyd ganrifoedd ynghynt gan feddygon galluog, ond chwalwyd yr adcilad yn ystod y Chwyldro Diwylliannol. Codwyd mast teledu anferth o fetel yn ei le, ac mae yna hyd heddiw.

Fel y rhan fwyaf o'r ddinas mae'r adeiladau i gyd yn ymddangos yn hen, yn llawn cymeriad, ond yn simsan hefyd. Ar hyd y strydoedd mae tywod, llwch a sbwriel, a chriwiau o ferched yn gwisgo mygydau gwyn nyrsys yn eu sgubo'n ddi-baid. Mae'r siopwyr yn eu tro yn taflu dŵr ar y strydoedd caregog i geisio rhwystro'r llwch rhag codi'n gymylau.

Talwn ŵr pitw mewn het wellt wen a sandalau i fynd â ni ar ei feic tair olwyn o dacsi—gyda basged fawr ar y cefn i ddal ein bagiau—i westy'r Snowlands. Mae codi 'mag ar gefn y beic yn fy ngwanhau fel petai rhywun wedi fy nghicio'n galed yn fy stumog.

Ar y strydoedd mae plant yn cerdded adref o'r ysgol fesul dau gan afael yn nwylo'i gilydd; pob un yn gwisgo cap pig Nike neu Adidas rhag yr haul, a thracwisg las golau rad. Mae rhai yn cicio pêl, mae nifer yn canu, ac ambell un yn chwarae mig.

Mae nifer o bobl yn begera ar y strydoedd ymhobman, efallai oherwydd y gaeaf caled a gafwyd, ac yn eu plith blant, merched yn cario babanod, a hen ddynion yn gwenu wrth ysgwyd potiau tun ac ychydig geiniogau ynddynt. Mae yna rai heb fraich neu goes, a hyd yn oed griwiau o fynaich o bob oed yn eu clogynnau coch tywyll.

(Anodd dychymygu, fel ar sgwâr Tiananmen, fod dros ddau gant o bobl wedi'u saethu'n farw ar strydoedd Lhasa yn haf 1989. Eu trosedd oedd protestio o blaid annibyniaeth. Gŵr o'r enw Hu Jintao oedd yn gyfrifol, ac ef yw is-lywydd presennol China.)

Gwên lydan, gyfeillgar sy'n ein croesawu i'r gwesty wrth i Dylan dalu am y tacsi beic. Tua dwy bunt y noson yw hi am stafell i ddau: bwrdd a dau wely, fflasg o ddŵr poeth bob bore ar gyfer y bowlen folchi, a bylb noeth yn hongian o'r to. Mae'r llawr o deils coch bron o'r golwg dan faw sych. Cadach tenau sydd dros y ffenestr ond rwy'n teimlo'n hynod o gysurus yma, llawer mwy nag y bues i yn y gwestai eraill hyd yma. Rhaid rhannu'r tyllau yn y llawr sydd yn doiledau gyda'r byd a'r betws, ac felly hefyd y cawodydd poeth ar y llawr cyntaf. Er gwaethaf yr uchder, llwyddwn i gysgu.

4

Kundun

Nid ni ydi'r unig Gymry sydd wedi bod yma. Wrth fwyta cinio o reis gyda wyau, cacen siocled a the jasmin yn nhŷ bwyta Tashi, yn edrych allan ar y stryd brysur, cymeraf gip trwy'r llyfr ymwelwyr. Wedi'i gladdu ynddo mae cyfarchiad Cymraeg gan fachgen o Abergele fu yma tua mis ynghynt. Od gweld Cymraeg yn y llyfr sydd fel geiriadur tŵr Babel.

Wrth brynu'n fisas ar y farchnad ddu, cwrddwn â René o Amsterdam sy'n rhedeg cwmni teithio yn Lhasa gydag Americanes. Dywed fod mwy fyth o ymwelwyr yn Lhasa eleni. 'Dwi'n rhoi'r bai ar y ffilms Hollywood 'na, a does gan y rhan fwyaf ddim clem am y wlad nac am deithio chwaith,' ydi barn y cefnogwr pêl-droed brwd. 'I rai mae'n ffasiynol neu'n cŵl i ddod yma, tra bod eraill yn chwilio am atebion i'w problemau 'nôl gartref— atebion y bysan nhw wedi'u cael gartre beth bynnag. Ac wedyn mae'r rhai gwallgo.'

Credai un Americanes y gallai hedfan, ac fe'i gorfodwyd i adael. 'Ond fe anghofion nhw roi digon o gyffuriau cysgu iddi. Roedd wedi hen ddeffro cyn cyrraedd pen y daith a bu'n sgrechian nerth esgyrn ei phen yr holl ffordd wedyn. Bron iddi fyddaru'r ddau beilot,' medd René, gan ychwanegu dan chwerthin, 'O leiaf fe gafodd hi hedfan oddi yma.'

Yn fuan fe welwn rai o'r bobl yma: y ddynes esgyrnog ben moel o America sy'n gwrthod talu am fwyd a diod mewn barrau, gan sgrechian a diosg ei sgert hir a noethi'i bronnau, a'r dyn canol oed sydd wedi lliwio'i wallt yn oren ac sy'n edrych ar bawb trwy gil ei lygaid; mae'n debyg ei fod yn treulio misoedd yn Lhasa bob blwyddyn. Mae bron yn amhosibl osgoi'r criwiau o Americanwyr cefnog yn eu capiau pêl fas.

Tra ydym yn siarad â René am bêl-droed a chwaraewyr gorau'r Iseldiroedd, gan ymlacio ar y soffa foethus yn ei swyddfa, daw teithiwr arall i mewn: Americanwr sy'n barod am unrhyw beth. Het gowboi ledr am ei ben a beltiau a bagiau bychain gris groes ar draws ei gorff, yn cario camerâu, mapiau, fflachlampau, cyllyll a photeli dŵr. 'Alla i dy helpu, ac ai mater bach neu fawr sy gen ti?' hola René yn gyfeillgar.

'Dim ond un bychan,' ateba'r gŵr. 'Mi fwrodd yn drwm neithiwr ac mae'r mynyddoedd i gyd dan drwch o eira. Ti'n meddwl fod angen esgidiau sy'n dal dŵr arna i,' gofynna, ac yntau ynghanol yr Himalayas.

''Dach chi'n gweld rwan be dwi'n gorfod 'i neud bob dydd,' medd René, wrth gynghori'r gŵr i brynu esgidiau mynydda ac i beidio mynd i gerdded. 'Mae angen eu rhieni i wneud popeth drostyn nhw.' Gadawn ei swyddfa gan addo'n ffôl fynd am gwrw un noson.

* * *

Trwy René cwrddwn â Deryc o wlad Belg, hyfforddwr pêl-fasged tal a thenau â mop o wallt hir. Mae am dreulio tair wythnos yn cerdded o gylch llyn Namdrok Tso i'r gogledd o Lhasa. 'Alla i ddim cerdded i fyny nac i lawr elltydd bellach . . .' dywed trwy locsyn hir, '. . . mae 'mhengliniau'n rhy wan. Ond mae cerdded o gylch llynnoedd yn berffaith, ac mi alla i osgoi'r giwed yma hefyd,' gan gyfeirio at griw swnllyd yng nghornel yr ystafell fwyta. 'Gobeithio bydd y rhain yn help os gwela i gŵn.' Rheiny sy'n ei boeni fwya, ac felly mae dwy ffon sgio ganddo rhag ofn. Treuliodd y flwyddyn ddiwethaf yn cynilo ar gyfer y daith, a phan aiff adre ymhen tri mis bydd yn dechrau paratoi ar gyfer ei drip nesaf.

'Tydi 'nghariad ddim yn rhy hapus, felly mae hi am ddod efo fi y tro nesa. Wrth lwc mae hithau'n hoffi teithio. Pob hwyl ichi; biti nad oes beic gen i,' dywed wrth ffarwelio a'n gadael i fwyta'n cinio o blatiad traddodiadol o *momos*, sef llysiau a sbeis wedi'u ffrio mewn toes, a chacen afal wedi'u ffrio'n ysgafn cyn ei boddi mewn pwdin reis.

* * *

Mae eira neithiwr yn gorchuddio'r mynyddoedd sy'n amgylchynu'r ddinas yn wal grwn, a'r cymylau gwyn fel tasan nhw'n ffurfio to dros y cyfan. Wrth gerdded gwelwn blant sy'n rhedeg ymaith gan sgrechian chwerthin bob tro y dywedwn *tashi delek*, sef 'helô' yn Nhibeteg. Ambell dro maen nhw'n ateb mewn Saesneg clir: 'Fine, thank-you. What is your name? Where do you come from?'

Cerddwn heibio siopau blêr sy'n gwerthu llinynnau, capiau, llestri, darnau o geir—popeth dan haul, hyd yn oed ambell esgid chwith neu dde ar wahân. Mae stondinau y tu allan i'r adeiladau, ac ambell gi tenau yn stelcian o gysgod i gysgod gan ddisgwyl am y nos. A siopau mawr fel Woolworths yn gwerthu popeth o feiciau modur i systemau radio.

Mae'r Tibetiaid yn hoff iawn o ganu. Bob nos wrth i'r

28

haul araf feddalu'n felyn dros y mynyddoedd fel darn o fenyn mewn padell ffrio, mae canwr ifanc ag wyneb crwn a gwallt du fel y frân yn canu fel eos. Mi godon ni law arno un noson a'i glywed yn chwerthin. Ar ddiwedd bob pnawn mi fydd y merched sy'n glanhau'r ystafell-oedd yn casglu yng nghwrt y gwesty yn eu sgertiau gwlân hirion coch a llwyd i ganu mewn harmoni. A phan sylwan nhw arnon ni'n gwrando arnynt, maent yn chwerthin gan dynnu coesau'r rhai fenga yn eu plith.

Ger ein gwesty yn hen ran y ddinas a elwir y Barkhor, mae marchnad anferth a phrysur. Ambell stondin yn rhostio cig neu lysiau ar danau agored; rhai'n llwythog o ffrwythau; ac eraill yn eich gwahodd i saethau at dargedau â gwn ysgafn. Yn gwau o'u hamgylch mae pla o ferched lliwgar yn erfyn yn daer arnom i brynu defnydd, gemwaith neu botiau metel. Mae tipyn o hwyl i'w gael wrth fargeinio, dadlau a dangos diddordeb cyn cerdded ymaith a'r siopwr yn ein dilyn gan ostwng ei bris bob cam.

Ymhobman mae pobl a chŵn yn piso'n ddigywilydd ar y strydoedd gan ychwnaegu at yr oglau sydd wedi treiddio i bob twll a chornel. Ynghanol y Barkhor mae eglwys gadeiriol y ddinas, sef y Jokhang, gydag olwynion gweddi ar bob wal. Drymiau metel lliw melyn ydi'r rhain, wedi'u haddurno'n gywrain ac yn troi ar bolion. Bydd rhai'n eu cario yn eu dwylo fel ffon gandi-fflos lliwgar gan eu troi'n ddiddiwedd.

Bob pnawn bydd pobl yn ymgynnull yn y deml i weddïo, a bydd yr eglwys dan ei sang wrth i bobl gerdded o'i hamgylch gyda'r cloc, yn gwrando ar y gwasanaeth trwy uchelseinyddion ar y wal. Wrth gerdded droeon o amgylch man sanctaidd fel hyn maen nhw'n gobeithio bwrw pechodau a chael eu bendithio. Mae sôn am arferiad tebyg yng Nghymru. Nododd Edward Lhuyd yn yr ail ganrif ar bymtheg iddo weld gŵr yn cerdded o gylch carnedd gerrig rhwng Beddgelert a Llanberis naw gwaith gan adrodd Gweddi'r Arglwydd.

Galwaf yn un o dri banc y brifddinas, y banc amaethyddol, a chofio darllen y llynedd am y lladrad cyntaf o'i fath yn Lhasa yn Nhachwedd 1997. Torrodd lleidr i mewn trwy ffenestr a tharo'r gwyliwr nos ar ei ben â pholyn metel, ond methodd â dringo allan o'r ffenestr ac fe'i harestiwyd. O gofio mai dienyddio ydi'r gosb am ladrata, does dim syndod fod neb wedi mentro torri mewn cyn hynny.

Gan fod oriau agor Palas y Potala mor anwadal, a ni'n dau mor ffwrdd â hi gyda'n trefniadau, giatiau wedi'u cloi a gawson ni bob tro wrth geisio mynediad. Felly rhaid bodloni ar edmygu o'r tu allan. Fe'i rhennir yn ddau: y palas gwyn, ac yna'r palas coch yn ganolbwynt ar y bryn caregog y cafodd ei adeiladu arno.

Sefydlwyd y palas cyntaf tua'r seithfed ganrif, ond yn 1645 yr adeiladwyd yr un presennol. Bu rhaid i China wario naw miliwn o ddoleri ar ei atgyweirio bum mlynedd yn ôl. Mae'n debyg nad oedd y Dalai Lama yn rhy hoff o'r adeilad oer, gyda'i fil o stafelloedd di-ffenestr, tywyll yn drewi o ganhwyllau menyn *yak* fu'n mudlosgi ers canrifoedd. Oni bai am filwyr dan orchymyn gweinidog tramor China ar y pryd, Zhou Enlai, mi fuasai'r Potala hefyd wedi cael ei chwalu yn ystod y Chwyldro Diwylliannol.

*　　*　　*

'Mynach mewn esgidiau Gucci ydi'r Dalai Lama.' Dyna ddisgrifiad Rupert Murdoch ohono ym mis Medi 1999. Dim cysylltiad â'r ffaith fod Murdoch yn gobeithio ehangu ei ymerodraeth ddarlledu i China, ac yn ceisio plesio Beijing. Ond mae gan yr arweinydd crefyddol nifer o enwau. Fel y Dalai Lama yr adwaenir arweinydd ysbrydol Tibet gan y mwyafrif o bobl y byd; enw o'r iaith Fongoleg sy'n golygu 'môr o ddoethineb'. I'r bobl, ef yw'r Gyalpo Rimpoche, sef 'y brenin gwerthfawr'. I'w deulu a'i ffrindiau, Kundun yw, sy'n golygu 'presenoldeb'.

Fe'i ganed i deulu cyffredin yn ardal Amdo, sydd bellach yn rhan o China er mai Tibetiaid yw'r mwyafrif o'r boblogaeth. Ac yntau ond yn chwe blwydd oed fe gafodd ei ddewis fel y trydydd Dalai Lama ar ddeg, gan ei fod yn ateb disgrifiad a gafwyd gan yr Oracl, a'i fod yn byw yn rhan ddwyreiniol y wlad, y cyfeiriad y trodd corff y Dalai Lama iddo wrth farw. Adnabu hefyd beth o eiddo personol y deuddegfed Dalai Lama: ei sbectol a'i ffon. Felly aethpwyd ag ef i Lhasa i'w baratoi ar gyfer ei waith. Rhennir Bwdistiaeth yn bedwar carfan, a'r Dalai Lama yw arweinydd y cyfan. Ym mis Rhagfyr 1999 dihangodd arweinydd un o'r sectau, bachgen pedair ar ddeg oed o'r enw Karmapa, o'i fynachlog yn Nhibet i India. Cerddodd naw can milltir dros yr Himalayas ynghanol y gaeaf i ddianc o afael Beijing.

Tua phymtheg oed oedd y Dalai Lama pan ymosododd China ar ei wlad ond fe benderfynodd aros a cheisio cydweithio â'r concwerwyr. Hawliai Mao fod Tibet yn rhan o un wlad fawr, ond mae amheuaeth ynglŷn â hynny. Erbyn 1959 roedd y sefyllfa wedi gwaethygu, wrth i lwyth y Khampas wrthryfela. Ffodd y Dalai Lama i India liw nos ar 17 Mawrth wrth i Lhasa gael ei bomio. Bu'n ymgyrchu fyth ers hynny dros annibyniaeth i Tibet, ac yn 1988 fe'i hurddwyd â Gwobr Heddwch Nobel.

Roedd wrth ei fodd yn treulio chwe mis o'r flwyddyn yn ei balas haf, y Norbulingka, gyda'i erddi eang gwyrdd a'i sw personol ar gyrion y ddinas. Yn coroni'r safle heddychlon mae'r palas ei hun a adeiladwyd yn ystod pumdegau'r ugeinged ganrif ac a elwir gan Dibetiaid yn Tagtu Migyur Phodrang. Mae'n amlwg fod yr awdurdodau wedi gadael i'r palas fynd a'i ben iddo; Mae'r lawntydd eang wedi'u hesgeuluso, a'r llynnoedd a'r camlesi bychan yn sych grimp. Arddunir y palas â cherfluniau a darluniau lliwgar, a does ryfedd fod y Dalai Lama mor hoff o'r fan. Mae'r ystafelloedd yn agored ac yn heulog—tra gwahanol i'r Potala oeraidd. Heddiw mae'n bosibl cerdded o gylch y palas haf a mynd i bob ystafell, gan droedio'n ddistaw bach a pheidio siarad wrth fynd heibio'r Tibetiaid sy'n ymgrymu ar hyd y llawr ymhobman.

Ar bob silff ac ymhob cilfach mae arian papur wedi'i adael fel offrwm, a gan deimlo'n euog wrth gerdded heibio fe wnawn yr un fath. Wedi'i baentio'n gelfydd ar un wal mae hanes Tibet, yn ogystal â chefndir sefydlu prif fynachlogydd y wlad. Yn ystafell wely'r Dalai Lama mae hen radio Phillips a gafodd yn anrheg gan India yn 1956, ac un arall o Rwsia yn ei stydi.

Mae porthor a chanddo wyneb fel hen gyfrwy lledr yma i gasglu arian yr ymwelwyr.

'Eidalwyr?' gofynna gan gyfeirio at fy nghrys pêl-droed o'r Eidal.

'Na, nid o'r Eidal. Cymru,' atebaf, gan geisio egluro lleoliad Cymru y drws nesaf i Loegr.

'A! Gwyddelod,' medd ef ar unwaith.

Eistedda ar gadair bren ger y drws, ac yng nghysgod y stafell, allan o wres yr haul, mae'n gwisgo crys a thei, siwmper a siaced frethyn, a chap stabal fel y gwisgai 'nhaid ar ei ben. Caea'i ddau ddwrn yn araf a'u taro yn erbyn ei gilydd. 'Mae sefyllfa anodd yn Iwerddon,' dywed. 'Gwlad fawr yn sathru ar un llai. Ond wnân nhw fyth eu trechu.' Yna mae'n rhoi ei ddyrnau'n 'nôl at ei gilydd yn bwyllog ac yn syllu'n ofalus arnom. 'Mae sefyllfa debyg yma. Un anodd a pheryglus. Gall unrhyw beth ddigwydd.'

Cytunwn cyn iddo ysgwyd ein dwylo'n wresog a ffarwelio gan ddweud yn dawel, 'Peidiwch ag anghofio am Dibet. Plîs, peidiwch anghofio am Dibet,' gan edrych i fyw ein llygaid. Wrth adael palas heddychlon y Norbulingka yn nistawrwydd a gwres canol dydd, rwy'n addo na wna i hynny.

5

Shangri La

Lhasa, Mai 14
Tra oeddwn i'n swatio yn fy sach gysgu'r bore 'ma yn
gwrando ar y gwynt yn chwipio'r eirlaw ar weddillion y
ffenestr, saethwyd wyth gŵr yn farw yn Lhasa. A milwyr
arfog yn eu hamgylchynu, fe'u gorfodwyd i gerdded
strydoedd y ddinas a'u dwylo wedi'u clymu y tu ôl i'w
cefnau. O'u gyddfau crogai darnau o bren, tebyg i'r
Welsh Not gynt, yn nodi troseddau. Fe'u dienyddiwyd yn
y gwersyll milwrol, ac fel arfer gorfodir y teuluoedd i
dalu am y bwledi.

*   *   *

Profiad digon rhyfedd yw cerdded trwy'r ddinas rai
oriau'n ddiweddarach a sylwi o'r newydd ar y byrddau
snwcer sy'n frith ar hyd y strydoedd drewllyd, lliwgar. O
amgylch pob bwrdd mae criwiau mawr yn annog ac yn
tynnu coesau'i gilydd wrth chwarae. Mae nifer o'r
chwaraewyr yn perthyn i lwyth y Khampas; bandana
coch traddodiadol yng ngwallt pob un, a chyllell mewn
gwain arian gerfiedig wedi'i gwthio i wregys llydan o
ddefnydd neu ledr.

Yn y Barkhor, fel yng ngweddill y ddinas, mae'r rhan
fwyaf o'r siopau yn nwylo mewnfudwyr a gaiff eu
hannog i symud yno gan fenthyciadau a chymorth-
daliadau hael gan Beijing. Golyga hyn fod bron i bumed
rhan o'r boblogaeth yn fewnfudwyr bellach, a nhw sy'n

berchen ar y mwyafrif o'r busnesau. Tri o bob cant o siopau sy'n cael eu rhedeg gan Dibetiaid.

Y pnawn 'ma mentrwn ar ein beiciau i ganol y llifeiriant diddiwedd o geir, lorïau, bysiau, jîps a phedicabs sy'n mygu i bob cyfeiriad, gydag ond ambell i gorn bob hyn a hyn yn rhybudd fod lorri ar fin eich taro. Ond mae'n braf gallu teithio fel hyn am bum milltir i fynachlog Sera sydd i'r gogledd o Lhasa. Lleolir y ddinas mewn dyffryn llydan gydag ambell goeden werdd yma ac acw, tra ffurfia'r mynyddoedd gylch o'i amgylch.

Sefydlwyd y fynachlog dros bum can mlynedd yn ôl ac roedd pum mil o fynaich yno ar un adeg. Ychydig gannoedd sydd yno bellach, a llawer o adeiladau gwag. Un tro atseiniai'r waliau i sŵn mynachod yn llafarganu ac yn gweddïo; heddiw sŵn llafurwyr yn ailadeiladu'r hyn a gafodd ei chwalu yn ystod y Chwyldro Diwylliannol sy'n llenwi'r lle. Yn y cysgod, chwysa'r gweithwyr wrth naddu cerrig a meini ar gyfer llwybrau a waliau.

Mae rhai o'r cŵn sy'n cysgu yn y gwres mewn cyflwr truenus, yn ddim ond esgyrn a chnawd, a chlwyfau agored ar eu cefnau yn gartref i bla o bryfaid. Sylwaf ar un ci yn arbennig a chanddo fop o wallt cyrliog ar ei ben. O edrych yn agosach, gwelaf mai nythaid o bryfaid yn bwydo ar ei groen yw'r gwallt. Mae yna lympiau o dan ei groen, fel cacen dan gwstard wedi hen oeri. Cred y mynachod fod pawb yn cael eu haileni, ond bod cyn-fynaich yn dod 'nôl fel cŵn, felly rhoddir llety iddyn nhw. Ond fawr mwy na hynny.

Y tu mewn i'r fynachlog, wrth i'm llygaid ymgynefino â'r tywyllwch, dwi bron â chyfogi oherwydd arogl sur chwys cannoedd o bobl yn byw yn yr un ystafell. Dyw'r canhwyllau menyn sy'n llosgi ddydd a nos ddim yn helpu chwaith. Atseinia sŵn fy nhraed ar y lloriau cerrig, a llenwir fy ngheg â blas chwerw'r mwg a gaethiwir yn yr ystafell fawr ddi-ffenestr. Gwelaf dri mynach yn llafarganu gweddïau'n ddistaw, ond gwrthodaf gynnig talu am yr hawl i dynnu lluniau o'r mynachod pen moel yn eu clogynnau coch tywyll traddodiadol yn gweddïo. Rwy'n teimlo'n annifyr yno, fel petawn mewn amgueddfa neu sw pobl. Nid mynd yn fynaich er mwyn i fi a 'nhebyg dynnu lluniau ohonyn nhw wnaeth y dynion yma.

Trainers lliwgar Nike neu Adidas sy gan ambell fynach, ac esgidiau cerdded du a brown gan eraill, ond neb yn gwisgo sandalau. Gwisga rhai o'r ieuengaf, sydd tua phymtheg oed, oriawr. Wrth adael un adeilad, daw mynach yn gwisgo ffedog fudr i'n cwrdd gan ein gwahodd â'i fraich i'w ddilyn i ystafell dywyll, fyglyd, anferth. Hon yw cegin y fynachlog ac o ystyried maint y lle, fe allen nhw fod wedi porthi'r pum mil yma'n hawdd.

Bellach, cornel fechan yn unig sydd wedi'i goleuo gan ganhwyllau menyn, a chawn gynnig gwpaneidiau o de menyn *yak* seimllyd gan y cogydd. Yr arfer ydi yfed y te—a wneir â blawd, menyn, dŵr a lot o halen—trwy afael yn y gwpan â blaenau bysedd dwy law. Am y tro rwy'n dewis dŵr ac yn mwynhau gweld Dylan yn tynnu stumia wrth yfed y stwff, a'r cogydd yn mynnu ail-lenwi'r gwpan bob yn ail eiliad. Eisteddaf yn y gornel ar goll yn y golau gwan a'r mwg sy'n fy nghofleidio fel niwl. Gwenaf ar y cogydd sy'n ceisio'i orau glas i 'mherswadio i roi 'nghap iddo.

Wrth adael, cwrddwn â thriawd sy'n bwriadu seiclo'r un daith â ni, er nad oes beiciau ganddyn nhw eto.

Bwriad Eric o Ganada, Rutherford o America a Kyoto o Japan yw prynu rhai o'r bwystfilod cyntefig o feiciau sy yn Lhasa. Gŵr pryd tywyll â gwallt hir du yw Rutherford, ac yn llawn hwyl. Merch dawel, hynod o brydferth yw Kyoto a'i gwallt hithau fel y frân, a chanddi ddannedd gwyn, gwyn sydd braidd yn gam. Yn anffodus mae'n rhy dawel o lawer, gan adael i'w chariad hollwybodus, Eric, siarad drosti. Mae'n amlwg yn fuan nad yw hi am wneud y daith o gwbl, wrth iddo swnian arni i fwyta mwy neu wisgo côt arall ac ati. Mae am iddi dalu mwy o sylw iddo fo bob munud, a fo sydd am ddewis y beiciau y maen nhw am eu prynu hefyd. Beiciau mewn cyflwr gwael iawn sy'n Lhasa. Maen nhw am gychwyn ddiwrnod ar ein holau.

*   *   *

Cwrdd, wedyn, â thri beiciwr arall: Gary o Awstralia, a dau Awstriad gwallgo sydd wrthi'n seiclo o gylch y byd. Mae'r ddau yma wedi treulio gormod o amser dan haul cryf, a barnu yn ôl eu llygaid gwyllt, eu clustdlysau anferth a'u siarad parhaus mewn lleisiau uchel.

Roedd y tri wedi teithio o Kathmandu i'r ffin â Thibet ond wedi gorfod disgwyl yno am bum niwrnod cyn cael mynediad. Fe'u gwaharddwyd rhag mynd i Lhasa ar eu beiciau, a'u gorfodi i dalu crocbris i fynd mewn jîp yr holl ffordd. Siarada'r ddau Awstriad fel melin bupur, gan symud eu dwylo a'u llygaid yn ddi-baid.

Gŵr pwyllog, tal a pharod ei gyngor yw Gary, sydd wedi cael llond bol ar y ddau Awstriad. Cynigia dabledi Diamox i ni rhag ofn inni ddioddef gan salwch uchder. Gall daro unrhyw un, waeth pa mor ffit, wrth ddringo i uchder anarferol uwch y môr, a gall ladd mewn rhai achosion hefyd. Addawa Dylan a minnau gadw llygad barcud ar ein gilydd.

Yna awn gyda René, a chyfaill iddo o'r enw Clive, i wagio poteli o'r cwrw lleol mewn tafarn fyglyd yn llawn o Dibetiaid ifanc yn meddwi. Hawdd ydi eistedd yma yn mwydro am bêl-droed, teithio, crefydd a Shangri La. Mae Clive yn cogio bod yn *guru* crefyddol o ryw fath, ac yn cael tipyn o lwyddiant yn twyllo teithwyr diniwed yn Tibet.

Os yw'r ystafell yfed yn dywyll, mae'r un a gaiff ei defnyddio fel toiled fel bol buwch. Yng ngolau cannwyll sylwaf ar dwll anferth y toiled a gweld fy mod o fewn modfeddi i ddisgyn iddo. Yn yr ystafell mae pentwr o boteli gwag ar y bwrdd a merch lond ei chroen yn denu sylw'r bechgyn meddw lleol. Wrth faglu'n ffordd 'nôl i'n llety, gwelaf y mynyddoedd sy'n amgylchynu'r ddinas yn oer a thywyll. Byddwn yno mewn deuddydd.

* * *

Tibet yw lleoliad yr hudolus, chwedlonol Shangri La. Dyffryn bytholwyrdd, heddychlon lle triga llwyth o bobl ddysgedig. Yno bydd pobl fyw am ganrifoedd, fel ym Mharadwys a Thir na n-Og. Defnyddir aur i doi y tai ac mae'r afonydd yn llawn cerrig gwerthfawr. Bellach dyma'r enw ar westai, clybiau, tai bwyta a chartrefi ledled y byd. Bwriad eu perchnogion yw cyfleu fod eu cartref neu eu gwesty nhw hefyd yn lle rhamantus, perffaith ac yn meddu ar elfen o'r goruwchnaturiol. Dyna'r enw a roddodd dynes gyfoethocaf y byd, Doris Duke, ar ei phlasty wrth ddefnyddio'i harian i geisio atal amser.

Credir bellach mai dyffryn yng ngorllewin y wlad a ysbrydolodd y chwedl hon, a thyfodd a datblygodd gan ledu trwy'r byd. O'r dyffryn ffrwythlon yma, teyrnasai ymerodraeth y Shang Shun tua dwy fil o flynyddoedd yn ôl. Enw'r dyffryn oedd Shamba La ac fe'i lleolwyd yng ngorllewin yr Himalayas, yn ardal Garuda. Rhagflaenydd Bwdistiaeth oedd yr ymerodraeth yma, ac fe ddilynent grefydd werinol Bon, sy'n dal i gael ei harfer mewn rhannau o Dibet heddiw. Yr adeg yna roedd yn ddyffryn arbennig o ffrwythlon. Wrth i'r tywydd gynhesu roedd y tir hefyd yn codi—tua dwy fodfedd y flwyddyn hyd heddiw—ac fe drodd y rhan fwyaf o Dibet yn anialwch.

Tyfodd y chwedl am y lle rhamantus hwn wrth i'r hanes am y dyffryn ffrwythlon gael ei drosglwyddo o genhedlaeth i genhedlaeth. Benthycodd yr awdur Americanaidd James Hilton yr hanes ar gyfer ei glasur *Lost Horizon* a gyhoeddwyd yn 1933 ac a anfarwolwyd mewn ffilm o'r un enw. Yna cafwyd hwb arall i ledu'r chwedl yn ystod yr Ail Ryfel Byd. Yn dilyn brwydr, gofynnodd gohebydd i'r Arlywydd Roosevelt lle'r oedd un o'u llongau ryfel. 'Fechgyn,' atebodd yr Arlywydd, yn ceisio peidio datgelu ei thynged, gan ei bod wedi suddo, '. . . mae'n ddiogel yn Shangri La.'

6

Cychwyn

Tydi sioc y gawod oer sy'n fferru 'nghorff cyn i'r haul godi, ac yn cychwyn cur pen fel taswn wedi fy nharo â gordd, yn ddim o'i gymharu â'r sioc o sylweddoli mai hwn ydi bore cyntaf taith o dros fil o gilomedrau. Mae fy magiau'n orlawn, a rhaid strapio rhai bychan ar ben gweddill y llwyth: y mat cysgu, fy nghôt a chwpan fetel. Mae'n syndod pa mor drwm yw'r holl fagiau o nwdls sych, pasta, bisgedi a siocled.

Rown i ar dân eisiau cychwyn cyn chwech gan i ni benderfynu peidio â gofyn am y drwydded deithio, sy'n hanfodol i deithwyr os am adael Lhasa. Yn ôl René, chawn ni byth un yn y brifddinas oni bai ein bod yn teithio mewn criw mwy, a fyddai'n golygu jîp, gyrrwr a thywysydd swyddogol. Bydd yn rhaid i ni gadw o olwg yr awdurdodau a gwersylla bob cyfle gawn ni.

Roedd Dylan wedi clywed fod Dave, gyrrwr lorri o Ganada, am yrru rhan o'r daith heddiw ac mae wedi cytuno i roi lifft i ni o'r ddinas, felly mae yna amser i lwytho'r ddau feic yn hamddenol a cheisio rhannu'r llwyth dros y ffrâm. Yn fuan rwy'n poeni fod gen i ormod o bwysau i'w gario ac y bydd yr allt gyntaf yn fy nhrechu. Wrth fwynhau brecwast o *muesli*, mêl a iogyrt, daw Dave atom a dweud nad ydi'r tywysydd ar ei lorri'n fodlon iddo roi lifft i ni.

'Ddrwg gen i, hogia, ond 'does na ddim newid meddwl hwn. Mae arno ofn i'r heddlu ein hatal ni a chodi dirwy drom,' esbonia'n araf wrth roi ei gap pig

budr 'nôl ar ei wallt cyrliog tywyll. Mae wedi treulio blynyddoedd yn gyrru lorïau ar hyd a lled Affrica ac Asia, a rhanna fflat yn Llundain gyda Chymro o'r Rhondda.

Bellach mae'n hanner awr wedi naw a'r haul yn poethi bob munud. 'Rhaid i ni gychwyn rywbryd a dwi ddim am dreulio diwrnod arall yn cicio fy sodlau. Dwi'n barod rŵan, felly waeth i ni gychwyn y funud yma ddim.' Cytuna Dylan, felly ffarweliwn â Dave a chychwyn trwy'r strydoedd prysur gan geisio gwneud yn siŵr nad ydyn ni wedi anghofio dim byd.

[Ychydig ddyddiau ar ôl i ni adael Lhasa ffrwydrodd bom y tu allan i swyddfa'r heddlu. Chwalwyd ffenestri ond chafodd neb ei anafu.]

Ar fy nghefn mae potel ddŵr sy'n dal litr a hanner; mae dwy botel litr yr un ar y beic, a bag dŵr arall ar gefn y beic. Waled gydag arian, pasbort a thocynnau awyren am fy nghanol, ac eli atal haul yn barod yn fy mhoced. Teimlad braf ydi gadael y ddinas, ac am y deugain milltir cyntaf rydym yn hedfan dros darmac llyfn bendigedig dan awyr las a haul crasboeth. Golyga'r awyr sych ar dair mil ar ddeg o droedfeddi nad ydw i'n chwysu gormod er gwaethaf y trowsus trwchus, y sgidiau cerdded a'r crys glas llewys hir, thermal. Ar fy mhen mae cap pêl fas; rwy'n gwisgo sbectol liwgar, ac mae eli haul fel paent drosta i. Chwerthin wna Dylan a fy ngalw'n hyfforddwr sgio wrth inni seiclo ochr yn ochr gan fwynhau'r olygfa. Teithiwn ar hyd lôn darmac gyda choed gwyrdd a glaswellt bob ochr iddi. Ar un ochr mae afon lydan y Kyi Chu, a thu hwnt mae mynyddoedd a bryniau llwm.

Cawn ein twyllo'n llwyr gan ran gyntaf y daith, a

chredwn y gallwn gwblhau'r daith heb drafferth. A does dim golwg o heddlu na milwyr chwaith. Cosa awel ysgafn wrth inni godi llaw ar Dave yn rhuo heibio yn ei lorri. Gwenwn a chodwn law ar bob copa walltog a welwn. Pwy sydd angen lifft pan mae gynnoch chi feic? Bron na allaf ddychmygu'r Dalai Lama yn dilyn yr union lwybr yma ddeugain mlynedd yn ôl, ei wynt yn ei ddwrn wrth iddo ffoi tuag at India ar droed ac ar geffyl, a chroesi'r afon liw nos.

* * *

Bwlch Khamba La, Mai 16

Lleolir dau wersyll milwrol ar gyrion pentref Chusul ac mae nifer o rai tebyg wedi'u gwasgaru trwy'r wlad. Wrth y giatiau rhydlyd mae lorïau sgwâr a cheir wedi'u paentio'n wyrdd, a milwyr mewn gwisgoedd blêr yn tyrru o'u cylch yn y llwch. Does neb yn cymryd sylw ohonom yn y gwres.

Siop a thua wyth neu naw o adeiladau un llawr bob ochr i'r ffordd yw Chusul. Ger ffenestr adeilad pren, mae twr o blant ag wynebau budr yn gwylio teledu swnllyd. Drws nesaf mae siop fechan lle eistedda'r siopwr dan ymbarél goch a gwyn.

Dyma gyfle i ail-lenwi'n poteli dŵr wrth fwynhau cinio o fisgedi menyn melys, caniau o Coke a diod ynni Red Bull. Casgla torf o'n hamgylch, ond sgrialu i bob cyfeiriad wnan nhw pan geisiwn dynnu lluniau. Wrth adael, croeswn bont goncrit a gwenwn yn hyderus ar y milwyr arfog sy'n ei gwarchod. Dilynwn y llwybr deheuol traddodiadol i dref Gyantse, a sefydlwyd ganrifoedd yn ôl.

Draw ar y chwith gwelwn y mynydd anferth sydd wedi bod yn ein hudo ymlaen trwy'r bore â'i gap gwyn o eira. Un o bedwar mynydd sanctaidd Tibet yw Chuwori sydd dros 5000 metr o uchder, ac yn ôl yr hanes mae ysgolion wedi'u paentio'n wyn ar ei lethrau i arwain ysbrydion i fyny i'r nefoedd. Daliwn i seiclo ar hyd y lôn—sy'n dirywio bellach—gan wrthod cynigion hen ferched yn eu gwisgoedd lliwgar yn cysgodi dan y coed i ymuno â nhw i yfed te.

Gwibiwn trwy bentrefi o dai clai a swasticas coch wedi'u paentio ar bron bob un. Arwydd crefyddol yw'r swastica yn Nhibet, ond fe'i dygwyd gan y Natsïaid. Rhed criwiau o blant noeth i gwrdd â ni a'n hebrwng ar hyd y lôn gan chwerthin. Yfwn yn gyson oherwydd y gwres a'r uchder sy'n sychu'r corff yn gyflym.

Map gwael sy gennym a gwaeddwn ar fachgen ifanc sy'n bugeilio geifr ar lethrau'r mynydd. Rhed i lawr gan dasgu cawod o gerrig bychan ar ein pennau. 'Khamba La,' meddwn gan godi'n sgwyddau ac enwi'r allt fawr gyntaf sydd ar y ffordd. Cyfeiria at y mynydd â'i law. Wrth nesu, deil ei law fudr o'i flaen a gofyn am fwyd neu arian gan amneidio tuag at ein bagiau. Trown at y lôn lychlyd sy'n araf ddringo dros bymtheg milltir tyllog a charegog o'n blaenau.

Daw criw o blant o rywle gan fy myddaru. 'Dalai Lama pictcha . . . food . . . Dalai Lama pictcha . . . food . . .' drosodd a throsodd. Wrth imi bellhau teflir cawodydd o gerrig ar fy mhen. Does gen i mo'r anadl i'w rhegi, a rhaid bodloni ar feddwl be fyddwn i'n yn ei wneud petai gen i goblyn o wialen fedw. Ond megis dechrau mae hyn gan fod y gweiddi wedi rhybuddio'r criw nesaf i fyny'r allt a'r un croeso cynnes a swnllyd a

gaf y tro hwn. Rwy'n difaru braidd fod fy helmed fawr ddisglair yn diogelu fy mag yn hytrach na 'mhenglog.

* * *

Gorffwyswn yng nghysgod coed gwyrdd ymhell o'r un adeilad. A haul tanbaid uwchben, mae fy ngwddw'n sych grimp ac mae'r beic trwsgl wedi hanner fy lladd erbyn canol pnawn y diwrnod cyntaf. Tynnaf yr esgidiau a'r trowsus, y menig a'r cap, a gorwedd yn y cysgod yn anadlu'n ddwfn. Yfaf ddŵr a llyncu tabledi siwgr Lucozade. Wrth edrych ar y dyffryn, rhyfeddaf cyn lleied rydym wedi esgyn. Mae'n debyg y byddwn yn treulio'r nos ar y lôn.

Daw dwy ddynes a dyn draw i'r cysgod, y tri wedi bod yn trwsio tyllau yn y lôn. Maen nhw'n cynnig te menyn *yak* poeth i ni o fflasg fetel goch anferth, ac o fewn dim rwy'n llowcio'r stwff seimllyd yn farus. Dyma'r tro cyntaf imi ei flasu, ac rwy'n falch o gael cynnig ail gwpanaid. Blasa'n debycach i gawl hallt nag i baned o de. Cawn hwyl yn ceisio egluro ble mae Cymru gyda chymorth map a geiriadur, ond yn rhy fuan o lawer dychwela'r tri at eu gwaith a llusgwn ein hunain at y beiciau ac at yr allt.

Heibio'r tro nesaf mae Dylan yn disgwyl amdanaf a'i wyneb yn dweud y cwbl. 'Mae polion y babell wedi mynd,' gan gyfeirio at gefn ei feic. 'Rywdro rhwng y bont yn Chusul a fan hyn. Un ai maen nhw wedi disgyn neu mi gymerodd rhywun y bag. Sgen i ddim syniad lle aethon nhw, ond dwi am fynd i chwilio,' a dechreua ddadlwytho'i feic. Penderfynwn y dylwn i aros gyda'r

bagiau. 'Mae'n chwech, felly mi ddylswn fod 'nôl erbyn wyth,' medd Dylan wrth gychwyn.

Wrth i'r cysgodion ledu, dilynaf Dylan lawr yr allt â'm llygaid nes iddo fynd o'r golwg ynghanol coed. Llyncaf far Mars, yfed dŵr, a cherdded 'nôl a mlaen yn bwyllog i geisio tawelu fy ofnau. Rwyf ar fy mhen fy hun ar ochr mynydd yn Nhibet ac mae'n nosi. Clywaf sŵn clychau'n tincian rhwng y creigiau wrth i ddefaid a geifr redeg am nentydd sydd wedi tarddu o'r ddaear. Dilyna ambell fugail nhw'n bwyllog. O graffu, gwelaf fod tanc dŵr enfawr ar gopa un o'r mynyddoedd. Wrth iddi fachlud agorwyd tap nes bod afon yn rhedeg ohono gan ledu'n nentydd bychan disglair ar hyd y llethrau sych, gan edrych fel gwe pry cop yn y glaw.

Cerdda bugail heibio gan syllu'n syn. Yna ymddengys merch droednoeth tua deuddeg oed a bag defnydd coch ar ei hysgwydd a ffon fechan yn ei llaw. Rheda ar draws y llethr nes cyrraedd bwthyn gwyn sgwâr. Ar ôl awr arall does 'na'r un enaid byw o amgylch felly disgynnaf yr allt.

7

Polion

Pwysaf ar wal gerrig wrth droed yr allt garegog serth, gyda'r mynyddoedd gwyn y tu hwnt yn cyffwrdd â'r nen sy'n troi'n ddu. Distawodd y nant ac mae llethrau'r dyffryn yn sych ac unig unwaith eto. Hollta rhegfydd Dylan trwy'r gwyll. Gollynga'i feic a disgyn sydyn i orwedd ar ei gefn ar ochr y ffordd. Gorffwysa'i fraich dros ei lygaid.

'Mi fues i at bont Chusul, ond dim byd. Mae'n siŵr fod y plant wedi'u cymryd nhw pnawn 'ma.'

Awgrymaf ei bod hi'n werth edrych bob ochr i'r llwybr wrth fynd 'nôl at ein bagiau, ond mae'r ddau ohonom yn gwybod na welwn y bag oren eto ac na chysgwn yn y babell. Agorwn ein sachau cysgu mewn cilfach, fel petaem yn cysgodi wrth ochr ffordd Pen y Pas. Yng ngolau dwy fflachlamp paratown gawl tomato o Iwerddon, ond a brynwyd yn Lhasa. Llond mỳg metel o de melys heb lefrith wedyn, cyn cysgu ar y cerrig. Bron fel cysgu ar risiau. Ond y lorïau'n dyrnu heibio sy'n fy rhwystro rhag cysgu. Rhuant heibio yn y tywyllwch a sgrech y gêrs a'r brêcs yn gyfeiliant cras i gerrig yn disgyn.

* * *

Khamba La, Mai 17
Bore llwyd, oer a diflas sy'n ein cyfarch wrth imi rwbio llwch y llawr o'm llygaid a'i boeri o'm ceg. Cysgoda'r haul y tu ôl i'r mynydd ac mae'r coed gwyrdd bychan ar

waelod y dyffryn yn y tywyllwch. Sleifia ambell belydryn dros y copa gan oleuo ochr bellaf y dyffryn ac adlewyrchu oddi ar wyneb yr afon. Dim ond llymaid o ddŵr sydd i frecwast.

Diflanna'r oriau wrth i'r haul godi dros y mynydd i'n rhostio eto. Cynyddu wna'r traffig sy'n mynd heibio nes bod lorri neu jîp yn pasio bob hanner awr erbyn canol y bore. Cwmwl o lwch a brathiad corn yn rhybudd bob tro nes i un bws aros o'n blaenau. Bagla dwsin neu fwy o deithwyr i lawr y grisiau cul, wedi'u llwytho â chamerâu o bob math. Daw gwraig atom a'i chyflwyno'i hun fel arweinydd criw o newyddiadurwyr o China sydd ar daith trwy'r wlad. Gofynna a fydden ni cystal ag aros er mwyn iddyn nhw dynnu'n lluniau. Gwenaf gan fod yr hogiau wedi llenwi bocs o ffilmiau'n barod.

'Dim problem, byddwn ni'n falch i fod o gymorth. Ond mae problem fach gynnon ni, a falle y gallwch chi ein helpu. Mae'n poteli dŵr bron yn wag. Tybed a allwn ni brynu rhai gynnoch chi?' Mae hyn yn gweithio'n berffaith a chawn ddwy botel yr un am ddim am ein gwaith fel modelau. O'u gweld yn rhedeg a chwerthin fe'm hatgoffir o blant ar drip ysgol Sul, yn llawn sŵn gwichian wrth dynnu lluniau a siarad fel melin bupur.

Mae bwlch Khamba La bron a thorri 'nghalon. Pan gredwn ein bod wedi cyrraedd y copa, chwelir ein gobeithion pan ymddengys cornel uwch arall wrth i ni fynd rownd y tro. Wrth nesáu at y copa o'r diwedd, gwelaf fwg yn codi'n ddiog o adeilad cerrig, a dychmygaf gegin gysurus. Bron na allaf flasu'r te menyn a *momos* wedi'i ffrio. Ond allor gerrig fawr sydd yno, tân bychan yn mudlosgi a baneri gweddi coch a melyn wedi'u taenu drosto.

47

Cymer bron wyth awr i seiclo'r 21 cilomedr i'r copa. Yr ochr arall mae llyn Yamdrok Tso, un o'r mwyaf yn y wlad, ac yn y pellter mae copaon gwyn yn goron ar y cyfan. Uwch ein pennau mae cymylau trwm yn casglu, a'u brodyr yn y pellter yn tywyllu'n fygythiol uwchben ein llwybr.

Ymestynna'r llyn am filltiroedd i bob cyfeiriad, yn llydan fel traffordd mewn mannau ac yn gul fel afon yn yr haf yr ochr arall. Wrth lwc cynigia criw o Americanwyr mewn jîps llychlyd fwy o boteli dŵr i ni. Mae'r plant yn bachu'r rhain yn awchus hefyd wrth i ni eu gwagio nhw. 'Alla i ddim dallt lle ddiawl mae'r rhain yn byw achos wela i ddim adeilad am filltiroedd,' medd Dylan wrth dynnu lluniau o'r olygfa.

Cychwynnwn am lannau'r llyn ond mae'r tyllau a'r cerrig ar y ffordd yn golygu na allwn fwynhau'r disgyn am eiliad, a chawn ein dallu gan y llwch a godir gan y jîps wrth ddyrnu heibio. Hon ydi'r lôn waethaf hyd yma, ac mae fel seiclo trwy chwarel. Mae'n debycach i gae newydd ei aredig nag i lwybr iawn, neu draeth tywod ar ôl i'r llanw gilio a adael ei phatrwm rhychau ar hyd a lled y traeth. Byddai'n haws seiclo ar draeth Dinas Dinlle.

Dim ond ambell i fisged a gawn i'w fwyta a phenderfynwn y cawn bryd iawn gyda'r nos. Camgymeriad mawr, gan ein bod wedi blino'n lân. Does fawr ddim cysgod yn unlle ar y tirlun moel, llychlyd a digalon. A'n poteli dŵr yn wag, rhaid aros mewn pant sy'n cysgodi rhag unrhyw un aiff heibio ar y lôn. Yna llenwi'n bagiau dŵr o'r llyn ac ychwanegu tabledi i'w buro.

Gyda sgrech brêcs cyntefig mae bws yn aros ar y lôn gerllaw a neidia pum gŵr oddi ar y to gorlawn. Dechreuant ddadbacio pentwr o ddodrefn pren ac yna'u cario at lan y llyn gan weiddi ar ei draws. Gwelaf gwch rhwyfo'n symud o'r lan ar yr ochr arall ble mae nifer o adeiladau. Ond mae'r criw wedi'n gweld ni hefyd. Symudant yn nes gan eistedd ar eu sodlau a siarad â'i gilydd heb dynnu'u llygaid tywyll oddi arnom. Wrth i Dylan baratoi i goginio, dechreuant ysgwyd eu pennau yn ffyrnig a'n cyfeirio at dai sy'n bellach ymlaen. O'r sŵn, mae'n amlwg fod yn rhaid i ni symud.

Deg cilomedr ymhellach cyrhaeddwn bentref cyntefig, clwstwr o dai mwd a phren. O fewn eiliadau cawn ein hamgylchynu gan griw swnllyd o blant ac oedolion, pob un am y gorau i'n cyffwrdd a'n bodio a syllu i fyw'n llygadau. Trwy gogio yfed cawn gynnig dau gan o lefrith coconyt a diod sudd oren a mêl. Rydym yn eu prynu'n ddiolchgar. Cawn gynnig llety hefyd, ac er ein bod yn cael ein temtio, mae pawb am y gorau i'n cyffwrdd ni a'n beiciau. Nid yw hynny'n deimlad braf felly gadawn y pentref unig ar lan y llyn.

Treuliwn y noson mewn corlan bridd ar ochr y ffordd. Mewn tyllau bychan crwn yn y waliau bob ochr a thu cefn, nytha adar glas. Ar ôl trydar a hedfan yn brysur 'nôl a mlaen gan guro'u hadenydd yn galed, cawn ein derbyn fel cymdogion. O'm sach gysgu edrychaf dros y llyn a'r bryniau brown tua'r mynyddoedd gwyn a'r awyr las. Adlewyrchir y cyfan yn y llyn.

Cawn gwmni criw o fugeiliaid a gweithwyr ffordd sydd wedi'n gweld wrth fynd heibio ar eu beiciau cadarn o ddur. Beic yw ceffyl y bugail tlawd yn y wlad yma. Eistedda'r criw yma hefyd ar eu sodlau gan syllu'n fud arnom, cyn troi am adre. Ryw ddydd mi fydd cymaint o deithwyr yn ymweld â'r wlad fel na chânt fawr o sylw.

*   *   *

Profiad od yw deffro mewn tywyllwch llethol. Codaf cyn iddi wawrio er gwaetha'r oerfel, a mynd am dro i dawelu'r gloÿnnod byw yn fy stumog. Myn fy meddyliau ddychwelyd adref. Ond mae'n hawdd mwynhau'r olygfa gyda'r llyn fel gwydr, a mynyddoedd dan eira gwyn ar y gorwel. Paciwn yn dawel a bwyta pwdin reis a chyrens duon sych wedi'u berwi mewn dŵr o'r llyn.

Mae'n anodd gwybod weithiau pa lwybr i'w ddilyn gan nad oes arwyddion, felly rhaid gofyn i griw sy'n gweithio ar y lôn wrth afon Rong Chu sy'n rhedeg i'r llyn. Y rheiny'n gwenu'n hurt ac yn cytuno â ni gan weiddi 'Gyantse, Gyantse' a phwyntio ar hyd y ffordd sy'n dilyn ochr y llyn. Rhown arian i ferch fach a garlamodd ar draws gae caregog yn droednoeth i gwrdd â ni.

Wrth fynd heibio i griw o bobl ar eu ffordd i weithio yn y caeau sychion, mae rhai o'r merched yn estyn darnau o *tsampa* i ni. Mae'n debyg iawn i fara *naan* mewn bwyty Indiaidd, ond yn yr anialwch yma mae'n dipyn mwy blasus. Felly rydym mewn hwyliau arbennig o dda pan mae criw o ferched nomadaidd sy'n eistedd wrth ochr y llyn dan awyr las di-gwmwl yn gweiddi arnom i aros gan chwifio cwpanau arnom. Tirlun gwastad iawn ardal y llyn yn dal yn gwmni.

Criw cymysg o ran oed ydi'r merched, o faban i hen nain, a chawn ein twyllo'n llwyr. Maen nhw'n cynnig te menyn *yak* seimllyd ond poeth i ni, a dwi'n ei lyncu'n awchus cyn cynnig sigarennau a siocled iddyn nhw. O gwdyn lledr wedi'i gau'n dynn â chareiau lledr, tynna un hen ddynes lond dwrn o flawd tywyll allan. Tollta ychydig o'r te menyn ar ei ben, cyn dechrau ei dylino'n ddeheuig yng nghledr ei llaw am rai munudau cyn cynnig darn i ni. Roedd cnoi'r toes sych, di-flas fel bwyta llwch llif.

Wrth ei gnoi a chwilio am ddiod sylwaf eu bod wedi bachu'n poteli dŵr oddi ar y beiciau. Pan ofynnwn am y poteli, diflanna'r wen oddi ar eu wynebau, diflanna'r poteli dan eu clogynnau, ac maen nhw am i ni ddiflannu hefyd. Taflant ein sigarennau'n ôl i'n hwynebau a phoeri'n losin ar y llawr.

Er gwaethaf hir ddadlau, gadawn a'n cynffonnau rhwng ein coesau a'n dwylo'n waglaw gan eu melltithio. Cyrhaeddwn bentref Nagarze, a dim i'w weld yn byw yno ond nifer o gŵn milain yr olwg yn cyfarth. Dylsem aros i brynu diod, ond gan ein bod yn dal yn flin, ac ofn y cŵn, penderfynwn aros tan y pentref nesaf.

8

Ofn

Un can bach o lefrith coconyt melys sydd ar ôl. Yr unig beth ry'n ni wedi'i yfed drwy'r dydd yw'r te menyn chwerw, seimllyd a gawsom gan y merched—tra oeddent yn dwyn ein poteli dŵr.

Ymestynna'r lôn o'n blaenau gan ddiflannu i ganol yr Himalayas. Mae'n llawn tyllau, tywod a llwch sy'n treiddio trwy bopeth, ac rwy'n siŵr fy mod wedi llyncu pwysi o'r stwff. Does 'na'r un enaid byw i'w weld yn unlle. Dim ond murddun neu ddau, a mainc bren gymunedol sy'n cysgodi ci tenau yw pentref Langla.

Er gwaetha'n hofnau, rhaid llenwi'n poteli o'r afon a gweddïo fod y tabledi puro dŵr yn gweithio. O'n blaenau chwipia storm oddi ar y mynydd gan gorddi cymylau o dywod ac eira sy'n chwyrlïo ar draws y ffordd. Er ei bod yn ganol dydd mae'r golau'n pylu.

Mae'n oer wrth ochr y ffordd lle rydan ni wedi aros, ac alla i ddim aros yn llonydd. Mae 'nwylo'n crynu, ac mae'n anodd meddwl yn glir. Cerddaf at yr afon i lenwi 'mhotel ddŵr ond trof 'nôl cyn ei chyrraedd, er gwaethaf fy syched. Chwilotaf trwy un o 'magiau i roi trefn arno, ond codaf a gadael hwnnw ar chwâl er gwaethaf y storm sy'n bygwth. Dechreuaf fwyta darn o siocled, ond ar ôl cegaid rwy'n ei stwffio i 'mhoced sy'n llawn llwch. Af ati i lanhau gêrs y beic sydd bron â cloi gan faw, ond gadawaf y gwaith ar ei hanner a'r offer ar y llawr. Tynnaf fy menig o'r bag a gwisgo un cyn sylwi 'mod i wedi gollwng y llall ar ochr y ffordd wrth imi geisio rheoli'r llifeiriant gwyllt sy'n chwyrlïo trwy fy mhen.

"Di'r stof ddim yn gweithio . . . sbia ar y gwynt 'na'n dod lawr o'r mynydd . . . dim tent i gysgodi . . . ma dŵr yr afon yn fudr . . . does 'na neb yma i helpu . . . pen-glin Dylan am waethygu . . . dwi ddim digon ffit . . . 'dan ni am rewi'n gorn yng nghanol nunlle . . . 'dan ni'm yn yfed digon . . . mi fyddwn yn sal . . . dwi ddim isio marw yn fama.'

Dyrna confoi o fysiau mini a jîps heibio'r tro yn ddirybudd gan godi cwmwl o lwch cyn diflannu i'r storm o'n blaenau. Lifft i'r dref nesaf. Ond rwy'n sefyll yn sownd i'r unfan ac yn methu'n lân â symud. Mae llais yn fy mhen yn sgrechian arna i i redeg i ganol y ffordd, gorfodi cerbyd i aros a rhoi pob dimai sydd arna i i'r gyrrwr ar yr amod y caf lifft o'r uffern ddiflas yma. O fewn eiliadau rwyf ar erchwyn y dibyn yn syllu'n hurt, ddall i nunlle ac yn teimlo fel anifail cloff wedi'i hoelio gan oleuadau lorri sy'n hyrddio tuag ato. Rwyf bron â disgyn i'r pydew i gyfeiliant byddarol drysau'n clepian yn y corwynt yn fy mhen; drysau sy'n bygwth agor gan ryddhau ellyllon f'ofnau tywyllaf, gwirionaf a digalonaf.

Ond rywsut mae'r sioc o weld y lorïau'n diflannu yn fy sbarduno. Rwy'n mynd ati i fwyta gweddillion y siocled, codi'r faneg oddi ar y llawr a'i gwisgo, codi offer y beic a chwipio cadach ac oel yn ysgafn dros y gêrs. Paciaf fy mag yn dynn, llenwi fy mhotel ddŵr a chwilio am y man mwyaf cysgodol i'r beic.

Ychydig funudau yn unig y parodd hyn, ac yn y cyfamser mae Dylan wedi bod yn ymaflyd â'r stôf chwithig sy'n gwrthod fflamio yn y gwynt cryf. Rhaid i hon gynnau er mwyn berwi'r dŵr i fwyta'r nwdls, yr unig fwyd poeth 'dan ni'n debygol o'i gael heddiw. 'Be sy'n bod ar y diawl?' gofynnaf yn flin.

'Dim syniad,' ateba Dylan. 'Ond alla i ddim ei gynnau'n ddigon hir i ferwi'r dŵr. Mae'n diffodd bob tro a sgen i ddim syniad be i 'neud,' ydi'r ateb cwta wrth i'r ddau ohonan ni edrych ar y fflamau bychan glas. Bron ein bod yn ewyllysio'r ffernols bach i fflamio. Adeiladwn gysgod cerrig o gylch y stof ac aros yn ei hymyl heb dynnu'n llygadau oddi arni am funudau hir. 'O'r diwedd,' medd Dylan wrth i'r dŵr ferwi digon i chwyddo'r bwyd sych i ni allu'i fwyta.

'Sbia ar y llwybr; dim golwg o'r storm,' ychwanega wrth hanner yfed y nwdls a chawl powdr tomato di-flas yn farus. Tra buom yn bustachu dros y stof fach, mae'r storm oedd o'n blaenau wedi sgubo dros y ffordd a diflannu i ganol y mynyddoedd gan adael ein llwybr yn glir. Wedi'n cynhesu gan y bwyd, ac wedi llenwi'n poteli â dŵr a thabledi, rydym dipyn hapusach.

Gwelaf fwg yn codi'n ddiog o dwll llydan ond isel a gloddiwyd yn y ddaear. O bobtu'r tân mae dau bolyn yn dal y to cam, ac ar ben hwnnw mae planhigion a brigau wedi'u plethu. Yn y cysgod mi wela i ddau ffigwr yn symud yn eu cartref cyntefig, a cherdda dau arall wrth ochr *yak* blewog trwsgl sydd newydd ddod i'r golwg. Pan welan nhw fi, mi glywa i leisiau'n codi ac maen nhw'n troi ac yn brasgamu'n syth at y llwybr o 'mlaen i. Gorfodaf fy hun i gyflymu a chyflymu nes fy 'mod i allan o'u cyrraedd. Rwyf bron â chwydu, a gwelaf sêr o flaen fy llygaid.

* * *

'Mi fyswn i'n lladd am gan o Coke rŵan,' meddaf, wrth symud fel malwen fethedig trwy'r cwm oer. 'Meddylia am y saith llwyaid o siwgr, sy ym mhob un. Saith! Mi fyswn i'n bwyta'r can hefyd.' Syched ydi'r unig beth ar fy meddwl ar y funud, a phob math o ddiodydd yn eu cynnig eu hunain yn fy nychymyg. Mae'r cwbl yn artaith lwyr. Ond ar ôl hir ystyried rwy'n penderfynu mai'r Coke fyddai'n ennill y dydd. O'r afon y daeth y dŵr yn fy mhoteli, ac roedd honno'n llawn baw du fel petai wedi dod yn syth o losgfynydd. Bron ei fod yr un lliw â'r stwff yn y caniau coch a gwyn a greodd John Pemberton ganrif yn ôl. Bydd rhaid bodloni ar ddŵr du'r afon.

Wrth i'r pnawn dynnu at ei derfyn gorffwyswn ar ein beiciau gan astudio'r map a'r allt sy'n arwain i'r mynyddoedd o'n blaenau. Y tu ôl inni mae cymylau duon yn berwi'n fygythiol ac yn cael eu sugno i lawr i'r dyffryn. 'Pump o'r gloch yn barod. Mae'n oeri, a hon 'di'r Karo La, dwi'n meddwl.' Dylan yn crynhoi'r sefyllfa. Allt sy'n codi dros bum mil o fetrau ydi Karo La, a 'dan ni tua 4400 ar y funud.

''Dan ni erioed wedi bod mor uchel, a dwi ddim yn teimlo'n rhy dda,' atebaf yn ddistaw. 'Ond doedd 'na ddim lle ar y ffordd i gysgodi'

Yna penderfyna Dylan, 'Yli, be am roi awr, falla awr a hannar iddi, gweld lle ydan ni wedyn a throi 'nôl os bydd raid a chysgu rwla ffordd yma lle bynnag ma'r cysgod gora.' Ffrâm noeth y beiciau fyddai'r unig gysgod yn yr anialwch yma.

Petai un ohonon ni'n cael ein taro'n wael gan glefyd uchder, mi fydden ni mewn picil a hanner er gwaetha'r siop fferyllydd gyfoethog yn ein bagiau. Rwy'n gwthio'r beic ac mae'r pedalau'n mynnu cleisio fy nghoesau bob yn ail gam, gan dynnu gwaed sy'n sychu ac yn glynu'n boenus yn fy nhrowsus gwlân.

Mae arna i ofn fy ngwthio fy hun yn rhy galed felly rwy'n symud cyn arafed â phosibl er mwyn crynhoi cymaint o nerth ag y galla i i geisio lleihau effeithiau'r uchder. Gwelaf griw o ddynion a merched garw yr olwg yn gweithio ar y ffordd, ond 'dyn nhw ddim yn cymryd sylw ohona i wrth iddyn nhw ymaflyd yn eu tasg. Rhaid iddynt godi bob bore i lenwi tyllau â thywod a cherrig, yr un tyllau a lenwyd y diwrnod cynt ac a fydd yn disgwyl yn wag amdanynt fore trannoeth. Dyw'r tyllau ond yn aros yn llawn nes bydd y lorri fawr nesaf yn dyrnu heibio gan eu sbydu'n wag.

Bellach mae copaon y mynyddoedd bob ochr wedi'u gorchuddio'n llwyr gan eira trwchus, llyfn a melys yr olwg, fel rhes o deisennau crwn anferth a chapiau o hufen gwyn llyfn ar eu copa. Yna'r ochrau'n sgythrog a thywyll, wedi'u rhwygo o'r tun pobi. Un ai mae'r tabledi puro dŵr wedi piclo fy ymennydd neu mae'r uchder yn cael hwyl wrth gydweithio â'm dychymyg byw.

Rhaid penderfynu beth i'w wneud gan nad ydym wedi cyrraedd y copa. 'Dwi'n siŵr 'mod i'n gallu gweld y copa, ac all o ddim bod yn rhy bell; 'dan ni ar 4850 metr rŵan,' medd Dylan gan gyfeirio at ei oriawr sydd hefyd yn dangos uchder. Dal ati felly, a chyrraedd y copa, uchder o 5010 metr (16,430 troedfedd), am chwech, wedi llwyr ymlâdd. Yno i'n cyfarch mae'r allorau blêr arferol o faneri gweddi lliwgar, rhacs, a thanau'n mudlosgi'n ddiog. Mae'n gythreulig o oer yma.

Ar y dde mae cawr o'r enw Nozin Kangsa—sydd tua 7223 metr—a chlamp o rewlif yn bygwth disgyn oddi arno unrhyw eiliad. Mae'n edrych mor simsan yno, mae arna i ofn tagu rhag iddo ddisgyn. Saif nomadiaid yma ac acw gan edrych yn syn arnom yn tynnu lluniau brysiog cyn gwisgo mwy o ddillad a tharo'n helmedau ar ein pennau. Yn y lle anial yma ymladdwyd y frwydr uchaf erioed, yn 1904 rhwng lluoedd Prydain dan y Cyrnol Younghusband, a milwyr Tibet oedd yn ceisio rhwystro'i gyrch ar Lhasa.

Wrth i'r golau bylu, a chymylau duon yn llifo i lawr y mynyddoedd tra closia storm o ddwy ochr, rydym ar frys i saethu i lawr yr allt. Wrth gychwyn, gwelaf ddarlun od dros ben. Ar gopa allt bum mil o fetrau yn yr Himalayas mae arwydd anferth wedi'i baentio ar ochr y ffordd ger *yak* mawr blewog. Clymwyd hwnnw i bolyn ger poster coch a du o ben tarw a'r geiriau "Chicago Bulls" odano. Mae'r darlun o gamera wrth ei ymyl yn egluro'r cyfan. Am rai doleri mae'n bosib eistedd ar yr anifail, a thynnu lluniau hefyd, fel petaech mewn parc adloniant.

Cymerodd bron naw awr i seiclo deng milltir ar hugain heddiw, ond mae'r ychydig oriau nesaf yn addo bod yn rhai bendigedig. Mae'r olygfa wrth inni gychwyn wedi rhewi yn llygad fy meddwl am byth. Plu eira trwm yn chwyrlïo o'n hamgylch wrth i'r awyr dywyllu, a'r ddau ohonom ar gefn beiciau sydd bellach yn hedfan. Gwirionaf wrth daro cyflymdra o ddeng milltir ar hugain yr awr gan osgoi'r tyllau yn y ffordd a allai fy nhaflu i'r awyr fel gwennol. Profaf wefr o symud mor gyflym ar feic sy'n ysgafn a sionc fel ebol yn y gwanwyn yn hytrach na'r hen gaseg a lusgais i'r copa o'r ochr arall. Rhua'r gwynt main yn fy nghlustiau fel tonnau'r môr, a llwydda i fy oeri er gwaetha'r trowsus a'r gôt drwchus, crys llewys hir, dau bâr o fenig, a balaclafa dan yr helmed.

Yng ngolau melyn llachar machlud yr haul gwelwn glwstwr o dai bob ochr i'r ffordd, pentref Ralung. Gofynnaf i griw sy'n yfed cwrw ac yn chwarae cardiau a oes diod ar werth. Mae symud dwylo a gwneud stumiau'n gweithio'n wych fel iaith ryngwladol. Maen nhw'n pwyntio at fynedfa mewn wal. Gadawaf Dylan i ofalu am y beiciau ynghanol criw o tua deuddeg. 'Paid â bod yn hir neu mi fydd y beiciau a fi wedi mynd,' yw ei rybudd uwchben chwerthin a siarad cyffrous y plant.

Mae criw o bump neu chwech yn fy nilyn ac yna'n fy arwain i ystafell dywyll. Siop y pentre, mae'n rhaid, yn llawn nwyddau a geriach ar silffoedd simsan, ond dim golwg o ddiod. Defnyddiaf fy llaw i gogio yfed eto, a gwnaf sŵn yfed yn fy ngwddw—mae'n siŵr fy mod i'n edrych yn hollol wallgo—o flaen y siopwr. Wrth i'r plant chwerthin, tynna'r siopwr un can o Pepsi o guddfan o dan y cownter. Bendith ar America ddweda i, ac amneidio ar y siopwr i roi imi'r cwbl sydd ganddo. Mae wyth can yn y siop a phrynaf y cyfan gan eu stwffio i fag plastig a stryffaglio trwy'r fynedfa isel a chul gan geisio gafael yn fy menig, waled, swp o arian papur brau, a'r bag o ddiod.

'Diolch byth,' medd Dylan, gan fod hanner cant a mwy o blant a phobl yn ei amgylchynu, a fynte fel y pibydd brith yn eu canol. Rhed rhai ar ein holau cyn i ni gyflymu, ac yna mae'r bag plastig yn chwalu nes bod y trysorau sydd ynddo'n bownsio ar hyd y lôn. Gwêl plant y pentref hyn a rhedant ar ein hôl eto. Stwffiwn y caniau tolciog i'n pocedi'n frysiog cyn diflannu lawr y dyffryn i'r gwyll.

Ymhen milltir neu ddwy cawn hyd i lecyn clyd i gysgodi; gwellt glân ar y llawr a noson glir arall dan y sêr, a mynydd Nosin Kangsa bellach ond pwtyn ar y gorwel. Pwtyn gwyn wedi'i oleuo'n fendigedig gan y machlud. Dyw'r Pepsi fawr gwaeth ar ôl y codwm, a gloddestwn ar y cola melys a barrau o siocled cnau.

9

Cuddio

Rydym yn cuddio dan bont goncrit ar gyrion tref Gyantse mewn dyffryn rhyfeddol o wyrdd yn llawn coed a chnydau melyn. Cysgodwn rhag yr haul ac ar yr un pryd cuddio rhag yr awdurdodau gan ein bod wedi'n rhybuddio droeon am orsaf heddlu'r dref. Rhaid i bawb ddangos eu trwyddedau teithio yno, a does gynnon ni'r un. Dyma'n *Check-point Charlie* ni. Rhed afon lydan trwy ganol y dyffryn, a hon sy'n dyfrhau'r tir. Ar fryn uwchben y dref mae mynachlog a chaer sy'n gwarchod yr hen lwybr masnachol.

Mae taith ddeuddydd ar feiciau o'n cuddfan yn arwain y ffordd i India ac ymerodraeth Bhutan. Ar hyd y ffordd yma y cerddodd milwyr Prydain Fawr yn 1904 dan arweiniad y Cyrnol Francis Younghusband i ymosod ar Dibet. Ofnai Prydain fod Tibet am arwyddo cytundeb â Rwsia, felly er eu bod dros ddeg mil o filltiroedd i ffwrdd, anfonwyd milwyr draw i'w gorfodi i blygu glin, a sicrhau'r llaw uchaf ar y Rwsiaid yn y gêm imperial-aidd rhwng y ddwy ochr. Roedd caer Gyantse ar y llwybr i Lhasa ac fe geisiodd y Tibetiaid atal y Saeson â dim ond cleddyfau, picellau ac ambell fwsged hynafol. Saethwyd dros saith gant yn farw mewn ychydig funudau a gorfodwyd Tibet i arwyddo cytundeb â Phrydain.

Dyma ffordd rwyf wedi dyheu am fod arni. Roedd arloeswyr a dringwyr cynharaf Everest wedi teithio arni o India, ynghyd â'r awdur Robert Byron. A hon a ddefnyddiodd y Dalai Lama i ffoi ddeugain mlynedd yn ôl.

* * *

Treuliwn rywfaint o'r amser dan y bont yn coginio ac yn ymolchi. Tydi siafio mewn afon ddim yn hawdd. 'Dwi'n siŵr y gallwn ni gerdded ar draws y caeau am dipyn ac yna ailymuno gyda'r ffordd ar ôl iddi adael y dref,' medd Dylan, gan bwyntio at gaeau sy'n sych grimp er bod dwy afon lydan yn torri trwyddyn nhw. Ar ôl dyddiau o symud cyson rwy'n teimlo'n eithaf anniddig yn gorwedd yn ddiog. Roedd y syniad o geisio sleifio heibio i'r dref a'r heddlu yn apelio'n fawr.

Gwthiwn y beiciau ar hyd gwely afon sych sy'n ein cysgodi rhag y ffermwyr yn y caeau. Trwsgl a thrwm yw'r beiciau dros y cerrig ac mae pelydrau'r haul yn crino popeth. Cyrhaeddwn afon ddofn ac felly rhaid chwilio am fan bâs i'w chroesi. Clymwn ein sgidiau o gylch ein gyddfau, a rholiaf fy nhrowsus i fyny dros fy mhennau gliniau. Mae'r dŵr yn fendigedig o oer am fy nhraed.

'Os croeswn y cae yma a'r afon nesa mi ddyliwn fod yn ddigon pell,' medd Dylan wrth groesi'r cae cyntaf. Cytunaf, gan geisio gwasgu bywyd 'nôl i'm traed sydd wedi'u rhewi gan yr afon. Ar lan pob afon mae yna lwybr uchel i rwystro gorlifo pan dodda'r eira yn y mynydd-oedd yn y gwanwyn. Croeswn afon arall ac rydym ar ochr bellaf y dref. Wrth inni nesu at y ffordd fawr, credwn ein bod wedi llwyddo i dwyllo'r awdurdodau. Ar ôl dwyawr o groesi caeau tyllog, mae hyd yn oed wyneb garw'r ffordd i'w groesawu. Ond er yr ymdrech, chawn ni ddim cychwyn am Shigatse tan y bore.

'Pam ti'n meddwl fod y loris a'r bysiau i gyd yn disgwyl yn fancw?' Pwysaf ar fy meic gan graffu i'r pellter. 'A ti'n gweld y tŵr yna uwchben y lôn, a'r bobl yna'n symud 'nôl a mlaen?' Wrth fynd yn agosach gwelwn fod pob cerbyd a chert yn aros wrth y tŵr. 'Dwi meddwl mai hwnna ydi swyddfa'r heddlu.' Cytunaf â Dylan ac rwy'n teimlo fel ffŵl wedi stryffaglio ar draws y caeau am ddwyawr a dim nes at y lan yn y diwedd.

*   *   *

Rwy'n teimlo dipyn gwell ar ôl molchi am y tro cynta ers dyddiau. Mae'r bwyd a'r gwres yn gwneud i 'mol gorddi fel micsar sment. Gwthiwn y beiciau i gysgod coed gan fod ambell gerddwr wedi syllu dan y bont, a rhoi'n dillad i sychu ar y brigau yn y gwynt cynnes. Penderfynaf fynd i brynu mwy o ddŵr, bisgedi menyn a chymaint o ganiau Coke ag y galla i 'u cario. Bendith fo ar werthwyr cwmni Coke. Llyncaf lond dwrn o dabledi, a chaf rywfaint o lonydd gan fy mol. Gwthiaf y boen i gefn fy meddwl wrth i 'nhraed di-sanau fagu swigod wrth gerdded i'r dref.

Teimlaf fy mod yn camu i'r gorffennol yn Gyantse. Ar y strydoedd llydan llychlyd gwelaf ieir, ambell afr a *yaks* yma ac acw yn crwydro'n rhydd. Eistedda dynion mewn gwisgoedd fu'n lliwgar cyn i'r haul eu pylu ar gefnau ceffylau sy'n trotian 'nôl a mlaen heibio siopau a stondinau blêr. Mae'n siŵr nad yw'r olygfa hon wedi newid dim mewn canrif.

Heblaw am ambell filwr yn eistedd ar y stryd yn ysmygu, wela i ddim golwg arall o ddylanwad China. Dyma hen ganolfan fasnachol bwysig ar y ffordd i India a Nepal, ond ychydig iawn o fasnachu sy'n digwydd bellach. Prynaf fisgedi a diod o siop. Rhaid i'r ferch yno sgwennu pris y nwyddau ar hen focs. Casgla criw o 'nghwmpas wrth imi dalu, a phob un am y gorau i 'myseddu a 'nghyffwrdd. Gwena'r ferch a sylwaf ar ei dannedd gwyn perffaith, heblaw am ddwy linell frown denau yn eu canol. Effaith newyn a diffyg maeth difrifol yn ystod plentyndod ydi marciau brown fel yna ar ddannedd.

Wrth gerdded o'r dref gyda'r machlud yn isel oren ar y gorwel, gwelaf unig westy llwm Gyantse. Rwy'n teimlo fel petai llygaid pawb yn llosgi i gefn fy mhen ac mae arna i awydd cuddio y tu ôl i'r polion teligraff llydan. Yn y rhan yma o'r wlad mae'r polion telegraff wedi'u hadeiladu o flociau brics trwchus ac yn debycach i dyrau nag i bolion.

Erbyn cyrraedd 'nôl at Dylan mae cysgodion hir yn cael eu taflu dros y dyffryn. Nesâ haid o gŵn atom yn hyderus. Taflwn gwpl o gerrig nes eu bod yn sgrialu i ochr arall yr afon, ond ddim yn rhy bell, chwaith. Rydym yn dechrau ofni be wnân nhw pan ddiflanith yr haul. Yn y pellter mae mwy o gŵn yn dechrau udo a chyfarth, a nhw ydi un o beryglon mwyaf y teithiwr yn Nhibet. Fyddai gennym dim gobaith yn eu herbyn yn y tywyllwch, felly awn i chwilio am le mwy diogel i gysgu.

Cawn hyd i furddun concrit ac iddo silff lydan y tu allan i ffenestr y llawr cyntaf. Dringwn at hwnnw a gosod ein sachau cysgu i lawr. Yn fuan mae sŵn cyfarth yn rhwygo'r nos yn ddi-baid, ond rydym yn ddigon diogel ar y silff. Llithraf i drymgwsg dan y sêr gan freuddwydio am *Check-point Charlie*, milwyr yn smygu a dynion yn ffoi liw nos mewn ffilmiau du a gwyn.

Y Cadeirydd Mao, Sgwâr Tiannenmen, Beijing.

Mynaich ar y stryd yn Lhasa.

Teulu ar gert, Lhasa.

Palas y Potala, cyn-gartref y Dalai Lama, Lhasa.

Copa'r bwlch cyntaf, Khamba La, a'r ffordd yn ymestyn i'r dyffryn islaw.

Mynach yn y Tashi Lumpo, Shigatse.

Prif stryd Shigatse, ail ddinas Tibet.

Baneri/fflagiau gweddi a gaiff eu gadael fel offrwm ar gopa pob bwlch.

Drws ein hystafell wely yn Chay.

Arwydd ar ffin Parc Cenedlaethol Chomolungma/Everest.

Heddlu pentref Chay: Lhakpa (ar y chwith) a Phurbu.

Everest yn y canol a chopa Cho Oyu ar y dde, o gopa'r Pang La.

Dyffryn Rongbuk, y fynachlog ar y chwith ac Everest yn y canol.

Marchnad yn Lhasa.

Beics, Kathmandu.

Gyrrwr tacsi, Kathmandu.

10

Pynctiar

Mi gysgais fel twrch, ond doedd Dylan ddim mor lwcus.
'Ti'n siŵr na welis di jîp yn stopio lawr fan'na a'i
golau'n mynd i bob man?' Sibrwd y cwestiwn mae o
wrth inni rowlio'n sachau a'n matiau cysgu i fyny ar y
silff goncrit. 'O'n i'n siŵr eu bod nhw wedi gweld y
bagia a'n bod ni am gael ein dal a chditha'n chwyrnu.
Ti'n lwcus nad oeddat ti'n effro.'

Wrth fynd i gysgu ychydig oriau'n gynt bues i'n
chwilio am y Sosban Fawr ynghanol y sêr. Dysgais adnabod
y sêr eraill pan oeddwn yn blentyn, y tu allan i gartref
cyn-athrawes, Anti Nansi i blant y pentref. Dynes fechan
mewn côt drom at ei phengliniau, cap ffwr am ei phen ac
yn beryg bywyd y tu ôl i lyw ei mini bach brown. Cyn-
athrawes a redai'r *Band of Hope*, a seryddwraig amatur
oedd wrth ei bodd yn sôn am enwau'r goleuadau bychain
a winciai yn yr awyr bob nos. Fyth ers hynny, lle bynnag
y bydda i, mi edrycha i am y Sosban Fawr. Gallaf gofio
criw o blant yn rhyfeddu wrth weld y blaned Fenws a
chael rhyw syniad o pa mor fach oeddem ni. Tynnu'r
faneg i afael ym metel oer y telesgop a gwrando ar
ddannedd gosod Nansi'n clecian wrth iddi gyfeirio at
y sêr.

Dyna sy'n mynd trwy fy meddwl wrth godi yn oerfel
dagreuol y bore bach. Er mai ychydig oriau'n unig o gwsg
a gefais, rwy'n hollol effro, a phob smic fel cerddorfa, a
chlecian fy ngewynnau stiff fel gwn yn cael ei danio.

Fe benderfynon ni neithiwr mai tua hanner awr wedi pedwar y bore fyddai'r amser gorau i geisio sleifio heibio swyddfa'r heddlu. Dyna pryd mae'r nos ar ei hoeraf a'i thywyllaf, a'r gwylwyr yn siŵr o fod yn edrych mlaen at ddiwedd eu shifft ddiflas. Roedd goleuadau fflachlampau i'w gweld o'r safle tan yn hwyr neithiwr, ond bellach goleuadau o ffenestri'r adeiladau yn unig sydd i'w gweld.

Rwy'n pacio cyn ddistawed â phosib ac yn glanhau fy nannedd yn sydyn â brwsh sych. Mae'r ddau ohonon ni ar bigau'r drain ac yn ymwybodol y gallai'r cyfan ddod i ben o fewn yr hanner awr nesaf. Gwthiwn y beiciau ar hyd llwybr cul ar lan yr afon am hanner milltir cyn cyrraedd y bont sy'n arwain o'r dref. Clywn udo a chyfarth yn y pellter.

Rhaid defnyddio'n fflachlampau ar y llwybr gan ei fod mor dywyll a thyllog, cyn eu diffodd wrth nesáu at y swyddfa. Tua milltir o lôn syth wedi'i tharmacio sydd o'n blaen, a'n beiciau yn dal i gadw sŵn dychrynllyd wrth i ni adael y dref, a'r gaer ar y mynydd yn sgleinio yng ngolau'r lleuad. Rwy'n chwysu er gwaetha'r oerfel.

'Damia, mae'r teiar wedi mynd!' Mae Dylan yn sibrwd ond mae'n swnio fel bloedd tyrfa ar derfyn gêm bêl-droed i 'nghlustiau i. 'Pynctiar cynta ac mae'n gorfod digwydd fan hyn. Teiar cefn hefyd.'

Cymerith hi fwy o amser i newid hwnnw gan fod cymaint o lwyth ar y beiciau, ond does dim munud i'w wastraffu gan ei bod hi bron yn bump a bydd y lôn yn prysuro'n fuan. Eto os na newidir y teiar yn fuan fe allai'r olwyn gael niwed parhaol. 'Dwi am gario mlaen, syth trwodd,' medd Dylan, er bod mwy o sŵn fyth yn dod o'r beic cloff.

Nid tollborth cob Porthmadog mo'r orsaf yma. Porth

metel anferth ar ffurf llythyren 'v' wedi'i throi a'i phen i lawr ydyw, yn ymestyn yn uchel ac yn fygythiol i'r awyr ac arwydd baner China wedi'i weldio arno. Mae nifer o adeiladau concrit o'i amgylch, a wal yn cylchu'r rheiny. Llifa golau melyn gwan o'r ffenestri wrth inni wibio heibio a'n calonnau yn ein gyddfau. Daliaf fy ngwynt a chraffu'n galed i'r gwyll.

Ffrwydra fy anadl yn swnllyd boenus o'm hysgyfaint wrth inni ddal i seiclo nes bod goleuadau'r orsaf wedi diffodd. Arweinia'r ffordd i'r chwith i India, ond dilynwn y llwybr ar y dde tuag at dref Shigatse sydd naw deg cilomedr caled o'n blaen. Yn ail dref fwyaf y wlad mae gwelyau meddal a bwyd, ffaith sydd yn ein hudo mlaen ar ôl pedair noson dan y sêr.

Yna daw'r tarmac i ben a sglefriwn ar hyd y ffordd yn y tywyllwch ar dywod. Ofnwn glywed gweiddi unrhyw eiliad, ond dim ond cyfarth cŵn sy'n ein herlid. 'Rhaid i fi newid y teiar 'ma,' medd Dylan. Awn ati i'w newid yn yr oerfel yng ngolau fflachlamp gan gleisio bysedd a rhegi'n aml cyn ailgychwyn.

Tydi hi fawr o hwyl seiclo yn y tywyllwch, a golau'r fflachlamp ar fy mhen yn gwneud fawr mwy na rhybuddio gyrwyr lorïau. Dro ar ôl tro dwi'n taro tyllau gyda chlec neu'n llithro wysg fy ochr trwy dywod dwfn. Cŵn yn cyfarth, a'r coed bob ochr i'r ffordd syth yn ddim ond ychydig o gysgod rhag gwynt main y bore bach. Oni bai am fy menig byddai 'nwylo'n rhacs o ddisgyn mor aml.

Gwawria'r haul yn sydyn gan drawsnewid yr olygfa o'n hamgylch o ganfas du, dirgel i'r paith sych arferol. Gwibia pelydrau'r haul dros y mynyddoedd nes bod ambell goeden werdd fel petai'n cael ei thanio. Mewn man arall teflir cysgodion hir gan y coed ac mae cerrig yn fflachio'n wyn ar y paith. Cwyd yr haul a boddi'r tirlun â golau gwyn llachar, sy'n fy ngorfodi i ymbalfalu yn fy mhoced am sbectol dywyll.

Wrth iddi oleuo mae plant yr ardal yn cychwyn am yr ysgol, un ai'n cerdded fesul dau gan afael mewn pecyn o lyfrau, neu'n rhedeg atom gan weiddi chwerthin. Ond sŵn gwahanol sy'n dod o'r ysgolion. Ar wal pob un mae uchelseinydd naill ai'n sgrechian caneuon neu'n llafarganu. Fe glywir y sŵn cras am filltiroedd yn nistawrwydd y bore bach. Er 1997 dim ond trwy gyfrwng y Chinëeg y caiff y plant eu dysgu. Fe'u gwaherddir rhag gwisgo dillad traddodiadol eu gwlad a rhag cario lluniau o'r Dalai Lama, a rhaid mynychu'r ysgol ar ddyddiau gŵyl traddodiadol Tibet. Tydi traean o'r plant ddim yn derbyn addysg.

Dyw'r ffordd ddim yn gwyro fodfedd, ond yn ymestyn yn un llinell hir, araf a phoenus at y gorwel. Unwaith eto rwy'n teimlo fy mod mewn hunllef ac yn aros yn fy unfan waeth pa mor galed dwi'n pwmpio fy nghoesau.

Dan haul poenus o boeth amser cinio, mae fy olwyn innau fel crempog a ninnau ynghanol tir neb a 'run copa walltog i'w weld am filltiroedd. Ond yn fuan mae torf fechan yn ymddangos o'r llwch ac yn tyrru o'n hamgylch gan erfyn am luniau o'r Dalai Lama neu'n codi dwylo agored, budr at gegau gwag. Gwisgant ddillad budr, tenau ac esgidiau ysgafn a thyllog. Yng nghôl un mae oen bychan, a hwnnw'n cael ei wasgu'n galed gan y bachgen sydd tua deg oed; fo ydi'r hynaf o'r criw. Does dim adeilad i'w weld am filltiroedd a rhaid mai bugeilio yn y caeau oedd gwaith y rhain. Yn wahanol i'r rhai a welson ni'n gynharach y bore 'ma yn rhan werdd y dyffryn, mae'n amlwg nad yw'r criw yma'n mynd i'r ysgol.

Trwsiwn y pynctiar a chyrraedd llwybr sy'n debyg i'r lôn goed. Cuddia criwiau o blant yn y coed gan chwerthin wrth daflu cerrig, taflu dŵr o sosbenni a chodi rhawiau arnom. Pen lawr, pwmpio'r coesau fel injan ddyrnu a rhegi fel llongwr ydi'r unig ateb. Collaf Dylan am dipyn, ac wrth aros amdano mae'r haul yn llosgi mor boeth rhaid cysgodi dan bont.

Daw Dylan i'r golwg o ganol niwl y gwres sy'n codi'n donnau mor drwchus o'r ddaear nes bod syllu ar y wlad bron fel edrych trwy ffenestr wydr drwchus. 'Mi fydd y gwres yma, y beic a'r rheina'n taflu cerrig, yn fy ngyrru'n boncyrs yn fuan. Dwi jest â chael llond bol arnyn nhw,' meddaf wrtho o ddiogelwch y bont.

'Roedd y criw ola yna efo rhawia yn lwcus iawn nad oedd gwn gen i,' medd Dylan, sydd bron yn rhy flinedig i siarad yn iawn. Cytunwn mai cansen dda ydi'r unig ateb. Ar y funud yna byddem wedi sbydu trwy fforest Amasonaidd gyfan.

Er bod haul y bore mor boeth a'r tir yn sych, mae camlesi dwfn yn ymestyn i bobman. Wrth weld a chlywed y dŵr yn byrlymu, rwy'n cael fy nhemtio i neidio dros fy mhen a'm clustiau i mewn i'r un agosaf. Cymer bron wyth awr i ni gyrraedd Shigatse ac mae'r poteli dŵr a phob can diod wedi'u hyfed yn sych. Rydym ein dau wedi blino'n lân, a bron â disgyn gan syched, chwant bwyd a lludded. Mae'r haul mor gryf nes ei fod yn llosgi croen fy nghefn trwy'r crys mynydda llewys hir. Yn Shigatse down o hyd i le i aros cyn eistedd yn y bwyty cysgodol a syllu'n hurt ar y stryd brysur wrth yfed cwrw oer.

11

Xigaze

Gŵr ifanc yw rheolwr y gwesty ac mi fydd yn ffrind am oes. Fe'i haddysgwyd yn India ac mae'n medru pum iaith yn rhugl. Un bychan o gorff ydyw, yn gwisgo crys gwyn glân wedi'i smwddio'n berffaith, a fest odano. Dawnsia'i ddwylo bychan prysur ar hyd ei ddesg wrth iddo'n pledu â chynghorion.

'Cawod? Oer ar hyn o bryd yn anffodus, ond arhoswch tan bump a bydd yn boeth ar ôl diwrnod dan y paneli solar. Ond cofiwch fynd cyn chwech gan y bydd mwy o deithwyr wedi cyrraedd erbyn hynny. Lle diogel i'ch beiciau? Dim problem. Dewch â nhw i fy ystafell wely yn y cefn. Mi gewch fenthyg fy allwedd. Bwyd? Mae'r gegin ar gau ac mae'n siŵr bod y cogydd yn cysgu, ond rhowch ddeg munud i mi ac mi gynheuaf y stof. A chwrw?" Dan chwerthin. "Oes, ac mae'r poteli oeraf yng nghefn y rhewgell y tu ôl i'r bocs wyau. Dyna chi. Ac mae angen gof arnoch? Mi wela i. I drwsio'r beic? Mi af â chi at rywun rwy'n ei adnabod yfory cyn imi gychwyn gweithio ac mi egluraf beth yw'r broblem.'

Gŵr a gwraig o China sy berchen y gwesty. Caiff pobl fel nhw gymorthdaliadau hael gan eu llywodraeth i symud i Dibet. Dyw'r gŵr ifanc yma, a'i fol yn llithro'n ddiog dros ei felt plastig du, yn gwneud dim ond eistedd ac ysmygu. Tania gawod o orchmynion at ei wraig sy'n rhedeg o amgylch y gegin mewn troswus tyn ac esgidiau sodlau uchel. Dan flew amrant annaturiol o hir tafla lygaid awgrymog tuag atom. Biti nad yw hi'n tynnu'r sigarét o'i cheg wrth goginio.

Bydd amser yn nes ymlaen am gawod oer i stripio'r dyddiau o faw a chwys sydd wedi caledu arna i, ac yna cyfle i feddalu 'nillad mewn dŵr a sebon. Mi fydd rhaid glanhau'r beic, rhoi oel arno a thrwsio'r pynctiar hefyd. Ond am y tro, i'r gwely yn yr ystafell dywyll ac oer, sydd yn werddon berffaith rhag gwres canol dydd a sŵn a phrysurdeb y strydoedd.

Mor braf ydi disgyn yn swp a gollwng fy magiau ar hyd llawr yr ystafell. Mae 'mol yn gwegian ac yn ffrwtian yn brysur wedi'r bwyta gwirion ar ôl cyrraedd Shigatse. A ninnau wedi bod yn bwyta fel llygod eglwys am ddyddiau, mae 'mol mewn sioc wrth geisio delio â'r omled bananas, nionod, madarch a reis wedi ffrio a thatws wedi boddi mewn saim. Rwy'n teimlo'n benysgafn wedi'r holl ymdrech ac mae'n stumog yn corddi wrth i'r ystafell hefyd ysgwyd a throi'n ddi-baid. Rhaid cadw 'nhraed ar y llawr a'm mhen yn hollol llonydd. Ond rhy hwyr. Llenwa fy ngheg â llif glafoer y rhybudd olaf cyn y cyfog sur. Rwy'n chwysu'n oer drosta i wrth lithro i gwsg trwm, byr, blinedig a hunllefus.

* * *

Erbyn nos rwy'n teimlo'n gryfach ac yn crwydro strydoedd tywyll Shigatse, enw sy'n golygu 'gorau'r wlad', gan chwilio am fwyd. Wrth i'r cysgodion ymledu tra bod yr haul yn cilio, daw mwy a mwy o gŵn i'r golwg ar y strydoedd. Wedi'u gweld a'u clywed yn ymgasglu yn y tywyllwch, ciliwn i'r gwesty a chael platiad o datws wedi'u ffrio. Alla i ddim stumogi dim arall.

Yn rhannu'r gwesty â ni mae criw o deithwyr, ac mae'r rhain hefyd ar feiciau. Ond mae lorri fawr yn eu cludo i gopa bob allt ac yn eu hebrwng wrth ddisgyn yn hamddenol lawr yr ochr arall. I mi mae hynny fel petaent yn ciniawa mewn bwyty gan honni eu bod wedi paratoi a choginio'r bwyd hefyd. Cysgwn er gwaethaf sŵn cŵn yn cyfarth ac ymladd yn y strydoedd.

*   *   *

Wrth fwyta'n brecwast o grempog bananas a wyau wedi'u berwi, ffarweliwn â'r beicwyr eraill sy'n cychwyn ar y cymal nesaf gan eistedd ar gefn lorri. Awn i brynu poteli dŵr newydd a siocled tywyll o ryw fath, yn ogystal â ffrwythau. Prynaf dabledi mêl a lemon mewn fferyllfa i geisio lleddfu a meddalu cefn fy ngwddf. Mae'n teimlo fel petai darn o bren wedi'i hoelio yn fy llwnc.

Mae'r farchnad yn fwrlwm o fywyd a sŵn wrth i'r bobl wau trwy'i gilydd fel haid o bysgod yn y môr. Gwelwn ffrwythau o bob math a maint yma, a chig amrwd noeth ar y byrddau pren yn cael eu byseddu'n ddi-baid gan bobl wrth gerdded heibio.

Ar fryn uwchben y ddinas mae mynachlog Tashi Lumpo, cartref y Panchen Lama, sef dirprwy swyddogol y Dalai Lama. Crewyd y swydd bwysig hon yn 1642 pan benderfynodd y pumed Dalai Lama roi'r teitl Panchen Lama i'w hoff diwtor. Yn fuan tyfodd y Panchen i fod yn ffigur dylanwadol yng ngwleidyddiaeth y wlad. Mae Bwdistiaeth wedi'i rhannu'n nifer o sectau, sy'n ymrafael am oruchafiaeth. Cafodd y Panchen ei ddefnyddio gan y sectau hyn dros y canrifoedd i geisio tanseilio'r Dalai Lama.

Ar ôl i'r Dalai ffoi i India yn 1959, gorfodwyd y Panchen gan China i feirniadu ei arweinydd ac i glodfori eu polisïau nhw. Erbyn yr wythdegau roedd wedi cefnu ar hyn ac yn siarad yn agored o blaid y Dalai Lama. Cyn iddo farw yn ei gwsg o drawiad ar ei galon tra oedd yn Nhibet yn 1989, ni chawsai unrhyw drafferth â'i iechyd o gwbl a chafodd neb archwilio ei gorff. Heddiw mae hwnnw'n eistedd yn un o ystafelloedd y fynachlog, wedi'i orchuddio â phaent aur.

*　　*　　*

Cred Bwdistiaid fod pawb yn cael eu haileni, ac yn achos ffigurau crefyddol fel y Panchen, bydd arweinwyr eraill yn darganfod y plentyn y'i hailanwyd iddo. Yn ôl y drefn, dewiswyd bachgen chwech oed gan y Dalai yn 1995, sef Gedhun Choekyi Nyima. Fe'i harestiwyd yn syth gan luoedd diogelwch Beijing, a heddiw mae ef a'i deulu dan glo rywle yn China. Dywed mudiad Amnest mai ef yw carcharor gwleidyddol ieuengaf y byd.

Yn y cyfamser enwyd bachgen arall gan arweinwyr crefyddol Tibet sy'n bleidiol i China, a bydd rhan allweddol gan hwn yn y dyfodol. Pan fydd y Dalai yn marw, mi fydd gan y Panchen ran allweddol yn y broses o ddewis ei olynydd, a thrwy ei reoli ef bydd China gam arall yn nes at fygu annibyniaeth Tibet. Dim ond gwaith diflino'r Dalai presennol sy'n cadw tynged Tibet yn y newyddion. Bellach mae Beijing wedi sylweddoli fod dewis a rheoli arweinwyr crefyddol yn llawer mwy effeithiol nag arteithio mynaich a lleianod yn Nhibet.

*　　*　　*

Mynachlog ddigalon yw Tashi Lumpo heddiw. Cerdda criwiau o deithwyr o'i hamgylch gan dalu i gael lluniau o fynaich. Yma ac acw mae criwiau ohonynt yn eu cwrcwd yn llafarganu gweddïau. Od eu bod nhw'n gwneud hynny ger drysau agored sydd ar lwybrau'r teithwyr. Ar ei hanterth yn 1959 roedd dros chwe mil o fynaich yma, ac fel pob mynachlog fawr arall roedd yn gymuned hunangynhaliol.

Cawn ein tywys, neu ein dilyn i fod yn gywir, gan fynach ifanc mewn esgidiau gwyn, ac yntau'n ei dro yn cael ei gysgodi gan frawd mawr o fynach llygadau hebog. Gwelwn nifer o gerfluniau anferth—o Panchen Lamas y gorffennol—cymaint â rhai Lloyd George a Hugh Owen ar sgwâr Caernarfon, ond mae eu lliwiau cyfoethog o goch, aur a glas wedi'u pylu gan fwg myrdd o ganhwyllau. Yn un ystafell mae ffotograffau du a gwyn o'r Panchen presennol a'i ragflaenydd, a 'run o'r ddau yn edrych yn hapus. Ymysg y teithwyr—y rhan fwyaf o China—mae criwiau o Dibetiaid ar bererindod yn moesymgrymu wrth bob cerflun gan adael offrwm o arian papur neu sgarff gwyn yn eu hymyl.

Gwelaf griw o blant mewn crysau tenau glas a throwsusau tywyll sydd un ai'n rhy fyr neu'n gorchuddio'u traed fel rhai clown. Fe'u tywysir gan ŵr â sbectol drwchus sy'n eu hannerch mewn llais isel ger pob cerflun. Ynghanol buarth mae ugain o fynaich mewn clogynnau—a fu'n goch rywbryd—yn chwysu wrth hollti darnau o gig oddi ar fryncyn o gyrff gwaedlyd. Cysgodir y cyfan rhag haul cryf canol pnawn gan gwmwl trwchus o bryfaid. Caiff y plant ifanc bywiog eu taro'n fud a llonydd gan yr olygfa, a mentra un ferch estyn ei llaw at fynach o gigydd wyneb garw. Cyfarth gorchymyn wna hwnnw, gan daro llaw y ferch sy'n gofyn am fwyd. Gadawaf y fynachlog wedi fy nadrithio'n llwyr.

Ond codir fy nghalon heno pan gwrddwn eto â Dave y gyrrwr lorri o Ganada yn ei gap pig o felfaréd glas. Y tro diwethaf i ni ei weld, roedd yn codi llaw arnom mewn cwmwl o lwch ar y ffordd o Lhasa, a nawr mae'n hebrwng criw o deithwyr i Beijing. Rydym yn falch o'i weld ac yn rhannu ambell botel o gwrw a newyddion. Mae'n debyg fod y tri a gychwynnodd ar feiciau o Lhasa ddiwrnod ar ein hôl ni wedi rhoi'r ffidil yn y to.

Gwisga'r tywysydd o China sydd gyda Dave—yr un a wrthododd roi lifft i ni—grys-T Alan Shearer a Newcastle United a'r slogan *the best* arno. Rwy'n dweud wrtho mai tymor gwael gafodd Newcastle a Shearer, ac aiff i'w ystafell wedi pwdu. Wrth ffarwelio â Dave yn hwyrach gwahoddwn ef i Gaerdydd rywbryd.

12

Gwynt

'And where on earth do you think you're going?'

Datganiad o gwestiwn gan heddwas bychan ar gefn anghenfil o feic modur. Lifrai gwyrdd dail tafol, sbectol haul rhy fawr i'w wyneb yn gam ar ei drwyn, a chap pig du wedi'i dynnu'n fflat dros ei dalcen. Ond waeth pa mor gomig ei olwg, dwi ddim yn cael fy nhemtio i chwerthin gan ei fod ef, ei feic modur a heddwas arall yn llenwi'r groesffordd ar gyrion Shigatse. Mae'r lôn y tu ôl iddo'n wag ac yn ein gwahodd at y gorwel. Ond awn ni ddim pellach am y tro.

'Show me your papers,' dywed, wrth i ni sefyll o'i flaen. Dwi'n dechrau actio'r teithiwr sâl a Dylan yr un twp yn syth. Roedd ei ddau gwestiwn cyntaf wedi llifo oddi ar ei dafod. Rhaid ei fod wedi dyheu am gyfle i ymarfer y brawddegau yna yn ei acen CNN gorau ers amser maith. Ond dyw gweddill ei Saesneg ddim cystal. Wrth wneud sioe o agor a chau ein bagiau ac ymbalfalu trwy'n dillad i chwilio am ein papurau, sylwaf ar fy adlewyrchiad yn sbectol yr heddwas arall. Mae'r awyr las, y tir melyn sych ac ambell adeilad bychan yn cael eu hadlewyrchu yng ngwydr ei sbectol hefyd.

'You have no visa,' yw'r ddedfryd, ac felly rhaid glynu wrth y stori ein bod yn teithio gyda grŵp swyddogol ond wedi gorfod eu gadael am ddeuddydd gan i ni gael ein taro'n wael. Ond yr un ateb gaiff ein stori: 'no visa', ac felly rhaid ei ddilyn i swyddfa'r heddlu. Ugain munud yn ôl roeddwn yn hedfan trwy'r strydoedd heb boeni am ddim. Nawr mae'n llawer rhy boeth a swnllyd yma ac mae 'mol yn corddi fel peiriant sychu dillad wrth i ni ddilyn beic modur yr heddlu a'i olau glas yn fflachio'n wan ym mhelydrau'r haul.

Adeilad gwyrdd ydi'r swyddfa, gyda nifer o blismyn arfog yn lled-orwedd yn erbyn y waliau neu'n pwyso'n ddiog ar ochrau ceir. Mae golwg ddiflas ar eu hwynebau a does fawr neb yn talu sylw i ni. Hanner awr yn gynharach roeddem wedi seiclo'n haerllug heibio heb sylwi'n iawn arnyn nhw. Ar ôl mynd i'r fath drafferth yn gynharach i beidio cael ein dal, dyma ni heddiw yn seiclo heibio i brif swyddfa'r heddlu yn yr ardal. Rwy'n sylwi o'r newydd ar y strydoedd llychlyd, budr a'r bobl yn gwau trwy'i gilydd fel cynrhon ym mocs abwyd pysgotwr. Eu prysurdeb a'u sŵn nhw sy'n ein hamgylchynu yn hytrach na gwastadedd eang y wlad.

Dilynwn yr heddwas i fyny grisiau concrit cyn eistedd mewn ystafell sgwâr, bwrdd pren isel yn y canol a chadeiriau plastig gwyrdd ar hyd y waliau. Mae'n fy atgoffa o ystafell ddisgwyl deintydd. Tan y bore yma, fy hoff liw oedd gwyrdd. Heb ddweud gair wrth ein gilydd rydym yn ofni'r gwaethaf.

Yna agorir ffenestr yn y wal bellaf, ddigon tebyg i un brynu tocynnau mewn gorsaf drenau. Yr un heddwas sy'n disgwyl yno a'n pasborts yn ei law, ac o fewn dim mae'n amlwg ei fod wedi coelio'n stori. Mae'n goblyn o ymdrech i beidio â gweiddi neu chwerthin. Ond rhaid talu dirwy a phrynu trwydded deithio fydd yn rhoi'r hawl i ni fynd ar y ffordd i'r ffin. Diolchwn yn wylaidd yn ein Chinëeg gorau, '. . . Xic, Xic . . .' cyn carlamu o'r ystafell.

Eiliadau ar ôl cael y pasborts a'r drwydded deithio yn ddiogel yn ein dwylo, rydym yn ein taflu'n hunain lawr y grisiau ac yn neidio ar y beiciau, fel cowbois mewn ffilm yn gadael ffeit mewn salŵn. Dim ond wrth seiclo yr ydym yn taro'n helmedau ar ein pennau ac yn gwisgo'r menig a'r sbectol haul, gan ddal ati i bedlo fel petai cŵn Annwfn ar ein gwarthaf. Ond cysglyd ac ofnus ydi cŵn Shigatse yng ngolau'r haul.

*   *   *

Diflanna'r dref i gwmwl o lwch a gwres yr haul, a gwelwn gynffon hir o gertiau pren dwy olwyn gwichlyd yn cael eu tynnu gan asyn neu ambell geffyl bychan. Mae teuluoedd cyfan ar rai. Eistedda hen ferched a gwŷr bychain mud yn simsan ar bentwr o fagiau a dodrefn gan syllu tua'r gorwel. Mae'u hwynebau wedi crino'n frown fel dail yr hydref. Dringa plant bychain â wynebau budr dros y cert fel mwncïod, tra rheda'r rhai hŷn y tu ôl i'r cerbyd. Ffon y tad yn annog yr asyn yn ei flaen, a llaw y fam yn cadw'r plant rhag mynd dros ben llestri.

Neidia bachgen bach mewn siwmper wlân las golau oddi ar un cert a rowlio ar ei hyd yn y llwch. Ond does neb yn cymryd sylw ohono wrth iddo dynnu'i drowsus yn hamddenol, sychu'i wyneb a'i lawes ac edrych yn hamddenol arnom. Yna mae'n cau'r cortyn ac yn carlamu ar ôl y gert gan lamu'n ddeheuig 'nôl ar ei chefn fel cath. Cefn llaw gan y fam yw'r wobr am ei gamp.

Tir creulon yw hwn. Dim cysgod yn unlle rhag yr haul sy'n ein chwipio, na'r gwynt sy'n cryfhau'n raddol. Welwn ni'r un adeilad trwy'r bore. Gwelwn gymylau bychain gorffwyll o dywod yn sgubo ar hyd y wlad tuag atom cyn llamu ar ein sgwyddau a'n brathu. Rwy'n hoelio fy llygaid ar y cloc o 'mlaen. Rhy boenus o lawer ydi edrych ar y tirlun a sylwi mai fesul modfedd dwi'n symud oherwydd y gwynt a'r tywod.

*   *   *

Yn nannedd gwynt sy'n chwipio'r tywod i bobman, cawn ginio moethus o fisgedi menyn a ffrwythau sych. Oherwydd y gwynt a'r awyr sych, crachen waedlyd boenus ydi tu mewn fy ngwddf, a hwnnw'n llosgi fel yfed dŵr ar ôl bwyta cyrri arbennig o boeth. Er fy mod yn sugno Strepsils ac yn gwisgo cadach coch a melyn— wedi'i lunio o faner weddi Dibetaidd—dros fy ngheg fel cowboi, rhaid poeri talpiau gwaedlyd i glirio'n llwnc ac mae pob cegaid o fwyd fel petai'n llawn esgyrn pysgod.

Yma ac acw gwelwn fugail â dyrnaid o sgerbydau mewn croen a blew yn sefyll yn llonydd. Bellach rydym wedi blino gormod i siarad, heb sôn am aros i gynnig bisged i'r bugeiliaid unig. Feddyliais i fyth y gallai gwynt fy mlino cymaint.

Ond y rhesi hir o lorïau'r fyddin sy'n dyrnu heibio sy'n ein gwylltio'n fwy na dim. Mae'n rhaid nad oes brêcs yn agos i'r cerbydau hyn, ac wrth iddyn nhw agosáu rhaid symud oddi ar y ffordd a chau'n llygadau'n dynn wrth droi'n cefnau. Er hyn mae'r tywod yn treiddio i bobman, i fyny bob llawes, o dan fy nghap ac i mewn i fy sanau. Bron na alla i deimlo'r tywod yn setlo yn fy stumog, ac yn fy meddwl mi wela i fy hun yn llenwi â thywod. O orfoledd y bore bach rydym wedi'n llethu'n barod gan y gwynt, y tywod a'r haul. Bellach mae'r paradwys o lety yn Shigatse yn angof.

Rywbryd yn y pnawn—dwi wedi colli syniad o amser bellach—down at weddillion adeilad anferth, mynachlog o bosib. Ond mae ei faint—mwy na chae pêl-droed—yn ein synnu gan ein bod ynghanol diffeithwch llwyr. Mewn ambell fan mae'r waliau wedi'u chwalu i'w seiliau, ond mewn lle arall mae'r cerrig yn cyrraedd at ein sgwyddau. Mi allai hon fod yn un o'r pum mil o fynachlogydd a chwalwyd yn ystod y Chwyldro Diwylliannol, a gan nad yw hi ar unrhyw lwybr ymwelwyr, nac yn agos i westy, chaiff hi fyth ei hailadeiladu. Teimlad od yw sefyll ymysg yr adfeilion yma yng nghanol yr anialwch a'r distawrwydd llethol. Fe'n cysgodir rhag y gwynt gan fynydd.

Llusgo'n boenus a wna gweddill y diwrnod. Cyfuniad o wynt cryf yn ein hwynebau, waeth i ba gyfeiriad wynebwn, tirwedd undonog, eang a llonydd, a chwant bwyd. Wedi oriau o'r artaith yma mae edrych ar y tirlun fel gwylio sgrin deledu ar ôl ei diffodd.

Er ein bod yn cario galwyni o ddŵr, mae'n prysur ddiflannu wrth i ni yfed yn ddi-baid. Ar y map mae ambell enw a dot du yn dynodi pentref, ond maen nhw un ai dan ddaear neu wedi hen ddiflannu, felly syndod ydi llithro i bant a gweld rhes o dai ar hyd ochr y ffordd. Pentref bychan am y ffin â'r anialwch, ac ambell hen ŵr yn eistedd yn swrth yno. Yma eto mae ystafell un o'r tai ar agor fel siop syml. Rhesi o boteli dŵr, bisgedi, cadachau a phacedi o nŵdls sych ar fwrdd pren. Wrth inni dynnu'n harian o'n pocedi daw criw o blant o'r tu cefn i'r adeiladau, ond does dim smic i'w glywed ganddyn nhw. Dim ond y gwynt yn chwibanu rhwng yr adeiladau unllawr pren a chlai. Dim byd arall. Yr un lorri, na llais, na chân aderyn.

Sylla'r plant mud yn farus ar ein poteli. Mae'r rhain hefyd dan gacen o faw ac wedi'u lapio mewn dillad fu'n lliwgar unwaith, ond sydd bellach wedi hen bylu gan yr haul a mwd. Pob un yn droednoeth, a chanddynt lygadau mawr dan fop o wallt du fel y frân, eu dwylo wedi'u hestyn tuag atom mewn ymbil. Fe gymeran nhw bob potel wag a sgrialu tu cefn i'r adeilad eto wrth i ni adael y pentref bychan.

Bellach rydym tua 350 cilomedr o Lhasa ac mae traean y daith y tu cefn i ni. Roeddem wedi gobeithio cyrraedd llety cyn iddi dywyllu ond does dim gobaith o hynny bellach. Yna mae'r gadwyn fetel sy'n dal un o fagiau Dylan ar y beic yn torri i gyfeiliant pob rheg a fathwyd erioed. Caiff mwy eu bathu yn ystod yr awr nesaf. Wrth stryffaglu i drwsio'r gadwyn ar ochr y ffordd rydym unwaith eto'n cysuro'n hunain y byddwn yn gweiddi am help ar y lorri nesaf fydd yn mynd heibio. Dyna sy'n cymell y ddau ohonom i ddal ati ac i symud mlaen. Hynny a'r ffaith nad oes lle i gwningen gysgodi rhag y gwynt. Awn heibio i ddyrnaid o dai blêr a gwelwn bobl yn carlamu ar draws y tir tuag atom. Dal i seiclo ydi'n tynged.

*   *   *

Bwlch Tsuo La (4400m)
Golygfa swreal arall. Ynghanol y mynyddoedd a'r môr o dywod, gwelwn ffens weiren yn ymestyn am filltiroedd o amgylch gweddillion hen faes awyr. Tŵr rheoli i'w weld a milltiroedd o lwybrau concrit bellach yn graddol ddiflannu dan y tywod. Mae'r giatiau trwm ar gau a chriw o bobl yn eistedd y tu allan gydag ambell geffyl,

cert a *yaks* blewog yn gwmni. Ger y giât mae tân wedi'i gynnau, a golwg ar y bobl fel petaent wedi bod yno ers dipyn. Tebyg i olygfa o ffilm apocalyptaidd.

Oherwydd y gwynt, hedfanwn i lawr allt serth gan symud mor gyflym â chath yn cael ei llusgo i ystafell filfeddyg. Cyrhaeddwn y gwaelod a theimlo'r haul yn taro'n galed er ei bod wedi saith o'r gloch y nos. Does dim amynedd na nerth gen i i wisgo trowsus hir. O fewn chwarter awr dwi wedi llosgi 'nghoesau'n ddrwg. Roeddwn wedi tynnu'r trowsus gwlân oedd yn cosi fel haid o forgrug gan feddwl y byddai'r haul wedi mynd i gysgu erbyn saith o'r gloch, ond roedd yn dal mor effro ag ydoedd ganol dydd.

Yn sydyn rydym ynghanol cwmwl o bryfaid duon prysur sy'n disgyn ar ein pennau yn donnau swnllyd. Dyma'r unig dro i ni weld pryfaid trwy gydol ein hamser yn Nhibet—ar wahân i'r rhai ym mynachlog Tashi Lumpo—a finnau'n meddwl na allen nhw fyw ar yr uchder yma. Rhegi, ysgwyd dwylo a chadachau, ond glyna ein ffrindiau newydd atom fel mêl tan y troad nesaf. Yna maen nhw'n diflannu. Ai eu dychmygu nhw wnes i?

Roeddwn yn meddwl fy mod yn dychmygu gweld lôn darmac yn y pellter, ond wrth nesu at droed y mynyddoedd rwy'n gweld ei bod yn wir, ac yn fendigedig o lyfn ac esmwyth. Mae'n real. Mae'n debyg fod ambell ran o'r ffordd yn cael ei hadeiladu â tharmac gan fod llifogydd y gwanwyn—wrth i'r eira ar y mynyddoedd doddi—yn rhai arbennig o gryf. Mi gaiff popeth ei sgubo o'r neilltu, felly rhaid adeiladu ffordd darmac ynghanol yr anialwch.

Golygfa arbennig oedd gweld dyffrynnoedd llydan a

llwybrau llydan o wyrdd ynddyn nhw. Manteisia'r tyfiant yn yr wythnosau ar ôl y llifogydd i flodeuo a blaguro. Mi fydd pobl y wlad hefyd yn cynllunio, adeiladu a thyllu cadwyni o gamlesi fydd yn arwain y dŵr i bob cyfeiriad ac yn ei gronni tan yr haf. Dyna'r unig ffordd i ddyfrhau'r tir.

Cyrhaeddwn y tarmac ac rwy'n teimlo fel petawn wedi ennill y loteri. Ac ni fu'n rhaid talu punt chwaith. Ond fe gostiodd y diwrnod yn ddrud i ni fel arall—wedi llwyr ymlâdd, a 'nghoesau wedi llosgi'n ddrwg.

Cawn hyd i le da i gysgu mewn hollt goncrit ar fryncyn oddi ar y ffordd. Alla i dal ddim coelio'r tarmac; yr hyn a welaf yn ddu sy'n llyfn dan fy llaw ac yn arogli o betrol. Mae'n debyg ein bod yn cysgodi mewn hollt sy'n cael ei defnyddio i gyfeirio llifogydd y gwanwyn i dwnelau o dan y ffordd. Cyn belled na fydd hi'n glawio dros nos, mae'n gysgod gwych rhag y gwynt ac mae'n gwneud y dasg o goginio filwaith haws. A heno, gwledd. Dau baced o reis, a mygiad o de cryf gyda digon o siwgr. Ond cyn hynny, y cwrs cyntaf. Can o Coca-Cola a hanner bar *muesli* o gnau, gwenith a mêl, wrth eistedd yn edrych 'nôl ar hyd y ffordd. Rheda afon trwy'r cwm gan arwain at felin o gerrig. Mae'r awyr wrth i'r haul fachlud yn fendigedig, ac yn ganfas o liwiau cyfoethog gyda'r sêr yn wincian yn wan yma ac acw.

Aiff lorri heibio a rhaid fod y gyrrwr wedi sylwi arnom rywsut. Mae'n brêcio'n galed, yn neidio o'i sedd ac yn cerdded yn araf tuag atom. Mae lifrai milwr amdano, ond mae'n gwenu fel giât ac yn amneidio arnom i'w ddilyn i fyny'r ffordd. Ydi o'n cynnig llety i ni? Ond mae allt y Tsuo La—un arall dros 5000 metr— o'n blaenau ac rydym yn ddigon hapus yn yr hollt goncrit gyda'r olygfa wych. Nid ydym yn deall gair o ieithoedd ein gilydd, ond rydym yn ffarwelio dan wenu. Gorweddwn yn ein sachau cysgu yn yr hollt, yn gwrando ar hisian y stof nwy a'r reis yn ffrwtian, gan wynto'r arogl melys. Ac mae ei fwyta bron cystal ag edrych arno'n coginio. Wrth yfed te cyn cysgu, mae'r llu sêr yn yr awyr glir fel cwrlid dros y nen, ac mae sêr gwib yn fflachio'n ddi-baid.

13

Tarmac

Am funud credwn fod y plant sy'n bugeilio'r geifr led cae pêl-droed oddi wrth y llwybr yn chwifio dwylo arnom. Codaf fy llaw i'w cyfarch a chlywed suo ffyrnig Goliath o wenynen feirch yn agosáu. Clywaf glec fel pryf yn taro ffenestr a gwelaf lwch yn codi'n gwmwl ddecllath oddi wrthym. Cerrig sy'n ein cyfarch. Defnyddia'r plant yma ffyn tafl henffasiwn i hyrddio cerrig o fewn llathenni i ni, a henffasiwn neu beidio mi fydden nhw'n dal i gleisio.

Mae'r diwrnod yn cychwyn yn berffaith. Haul cynnes a lôn darmac am ddeg milltir bendigedig a ninnau'n graddol ddringo i gopa'r Tsuo La, tua 4500 medr o uchder. Tirlun llwm eto, y bryniau brown yn rowlio'n ddiddiwedd at y gorwel ac rwy'n dyheu am weld gafr neu goeden. Unrhyw beth i dorri ar yr undonedd.

Gadawaf fisged menyn fel offrwm ar y carnedd blêr o gerrig gwyn budr a baneri gweddi ar y copa. Ond un ai wnes i ddim gadael digon, neu nid yw duw'r mynydd yn hoffi bisgedi oherwydd damwain a gaf yn fuan wedyn.

Yr ochr arall i'r mynydd mae yna nifer o dyllau wedi'u llenwi â cherrig mân sy'n beryg bywyd i olwyn beic. Heb rybudd o gwbl mae jîp yn ei barcio'i hun ar fy olwyn gefn ac yn ceisio gwasgu heibio. Mae'r llwybr mor gul fel na allai dau feic wthio heibio'i gilydd. Wrth geisio gwylio dros fy ysgwydd llithraf i dwll a dechrau hanner disgyn ar fy ochr chwith o flaen y jîp sy fodfeddi oddi wrtha i bellach. Tynnaf yn galed ar y llyw a'm taflu fy hun fel pendil cloc i fy ochr dde nes fy mod ar fy hyd ar y llwybr. Mae 'nghalon yn fy ngwddf, fy nwylo a'm traed yn crafangu'n wyllt yn y llwch i'm cadw fy hun rhag llithro'n agosach i'r dibyn, fy nghlustiau'n atseinio i ruo agos yr injan, a'm mhen yn disgwyl teimlo clec wrth i'r jîp fy nharo. Ond llamu mlaen heb oedi wna honno wrth i'r teiars tew boeri cerrig ata i, a minnau'n tagu ar gegaid o lwch wrth dynnu anadl i'w rhegi. Y sioc fel lwmp o rew yn fy mol.

Heblaw am fy nhymer a menig wedi rhwygo nid wyf fawr gwaeth wrth gyrraedd pont goncrit ger troad mynachlog Sakya. Ond mae'r arwydd am ffynnon boeth naturiol yn ormod o demtasiwn ac edrycha'r adeiladau gwyn yn agos iawn. Awr yn ddiweddarach mae'r un adeiladau'n pellhau ac mae'r caeau tywodlyd yn felltith i seiclo arnyn nhw. Teimlwn fel petaem yn erlid enfys. A'n poteli'n wag dyma droi 'nôl at y lôn a chyrraedd yr union fan lle'r oeddem ddwy awr yn ôl.

*   *   *

Lhaze, Mai 23
Cyrhaeddwn Lhaze ganol y prynhawn, oriau'n hwyrach na'r disgwyl, ac yn flin fel dau dincar wedi colli ebol. Mae'n amlwg ein bod wedi cyrraedd y *one horse town* chwedlonol honno. Stribed hir o goncrit yn asgwrn cefn i'r pentref, a chwibana'r gwynt trwy'r rhes o dai a siopau deulawr sydd bob ochr i hwnnw. Gwegia'r adeiladau blêr yn y gwynt a'r cymylau o lwch a phapur—yn hytrach na'r *tumbleweed* chwedlonol—a gaiff eu sgubo'n ôl a mlaen rhyngddynt. Chwaraea ambell gi budr â'i gynffon gan droi fel top. Yn y caeau y tu hwnt i'r adeiladau mae

tyfiant gwyrdd ac ambell goeden fechan wedi crymu gan y gwynt. Oni bai bod angen prynu bwyd a dŵr arnom, a'n bod yn edrych mlaen at ddod o hyd i wely, byddem yn carlamu o'r lle.

Un gwesty sy'n agored ac mae darnau o bren wedi'u hoelio dros ffenestri a drysau'r ddau arall.

"Rhaid fod hon yn dyddio'n ôl i'r pedwardegau," medd Dylan, wrth agor y drysau dwbl gwydr sy'n fudr ac wedi cracio. Mae desg anferth yn ymestyn ar hyd un wal a digon o le i barcio car arni. Y tu ôl iddi mae rhes o glociau yn honni dangos yr amser cywir yn Hong Kong, Llundain, Efrog Newydd a Beijing. Yr ochr arall mae grisiau pren, mawreddog o lydan y gallai eliffant eu defnyddio. Ar un adeg mae'n siŵr bod y carped fu ar y grisiau yn foethus o goch. Bellach, clytiau bratiog yn unig sydd ar ôl, fel petai haid o locustiaid wedi sgubo trwy'r adeilad.

Cawn ystafell ar y llawr cyntaf er bod ugain o dai neu fythynnod bychan y tu cefn i'r gwesty hefyd yn wag. '*Off season,* ma' raid,' medd Dylan, wrth gario'i feic i fyny'r grisiau. Mae'n rhaid i ni ganibaleiddio nifer o ystafelloedd eraill i gael dau wely cyfan, dwy fatres a rhywfaint o stwffin ynddyn nhw, powlen fawr i ymolchi a chwpl o fflasgiau dŵr poeth enfawr. Mae teledu yng nghornel yr ystafell, ond mae'r gacen o lwch ar y sgrin yn dweud y cyfan. Ar ôl gwagio'r siop drws nesaf a llygru galwyni o ddŵr poeth y fflasgiau â'n sanau budr a'n dwylo butrach, mi fentrwn chwilio am fwyd.

'It's the Welsh boys,' yw'r croeso a gawn i'r ystafell fwyta gan Craig, peilot jymbo jets gyda Cathay Pacific, a gwrddon ni yn Lhasa ar ein noson olaf. 'Hope your journey is easier than in our jeep,' dywed, wrth rwbio'i ben ôl ac ysgwyd ei wallt melyn o'i lygaid. Yn rhannu'r jîp gydag ef mae cwpl tawel pryd tywyll o'r Iseldiroedd sy'n siarad yn ddistaw â phawb, ond yn ddistawach â'i gilydd, a dwy nyrs o Awstria—clamp o ferch wallt du a'r llall yn welw ac ofn ei chysgod. Mae'r ddwy wedi hen dderbyn mai Sheila fydd eu henwau am weddill y trip gan Craig. Mae'n amlwg bod bol asbestos ganddo gan ei fod yn gallu bwyta unrhyw beth, ac yn credu y dylai pawb arall wneud yr un fath.

Er gwaethaf ymbil a bwlio Craig, gwrthodaf y cig—yn enwedig o gofio sut roedd pawb yn byseddu'r cig yn y farchnad yn Shigatse—ond mi gladdaf gyfuniad o'r reis a'r llysiau. Tafla Craig wydreidiau budr o gwrw lleol, un ar ôl y llall, lawr ei gorn gwddf tan y funud olaf cyn iddo fynd i'r gwely, gan rannu straeon ar yr un pryd. Mae'r pump yn teithio gyda'i gilydd mewn jîp gyda gyrrwr a thywysydd, a hwnnw'n gwisgo côt ledr at ei draed. Maen nhw ar eu ffordd i Kathmandu ac felly fe drefnwn gwrdd â nhw yno.

Yn y gwesty hwn mae'r toiled gwaethaf eto, yn ddim ond hollt lydan yn y ddaear mewn ystafell goncrit ddi-ffenestr. Mae ffrwyth llafur blynyddoedd wedi denu a charcharu cymylau o bryfaid barus yma. Rhaid i bawb fynd ar eu cwrcwd drws nesaf i'w gilydd, ac ar ôl y bwyd seimllyd mae fy mol yn fy ngorfodi i'r toiled bob yn ail funud er gwaethaf y llond dwrn o gyffuriau a lyncais. Pe bawn i'n teimlo'n gryfach ac yn gwybod nad oes cŵn tu allan, mi fyddwn i'n carlamu i'r cae agosaf. Fyddai dim oglau yno.

*　　*　　*

Eisteddwn wrth yr un bwrdd i fwynhau brecwast o fara sych, hallt gyda llwyaid o jam, wyau wedi'u berwi'n galed a the gwan fel dŵr ffos. O fewn dim rydym yn ffarwelio â'r pump gan droi'n trwynau at Lhakpa La, allt a bwlch uchaf ein taith, fydd fel dringo'r Wyddfa chwe gwaith. Milltir o'r dref fforchia'r llwybr, gyda'r un ar y chwith yn arwain i'r bwlch. I'r dde rhed y llwybr at fynydd sanctaidd Khailash a llyn Manasarovar, a ganfuwyd ar droad y ganrif gan Sven Hedin yr archwiliwr o Sweden; dau fan pwysig i Fwdistiaid sy'n denu miloedd ar bererindod. Ond taith arall ydi honno. Mae digon yn ein hwynebu ni'r bore 'ma.

Ers imi gerdded heb sanau yn Gyantse mae swigod fel marblis dros fy nhraed. Mae'r beic yn dioddef hefyd gan fod yr holl ysgwyd wedi torri sgriw sy'n golygu na alla i ddefnyddio'r wyth gêr isaf—sef y rhai dringo—o gwbl. Arhoswn bob hyn a hyn i yfed dŵr a bwyta cegaid o siocled, a sylwaf ar y chwys yn diferu ar y cerrig dan olwynion fy meic ac yr allt ddiddiwedd. Tywynna'r haul wrth i 'nghap droi'n ddu gan chwys. Pump awr hynod o boenus, sydd wedi'u cloi yn rhyw gornel o fy meddwl i'w hanghofio am byth yn ddiweddarach, ac rydym ar y copa. Yr un gwastadedd brown sydd i'w weld oddi yma, ond ar y gorwel mae prif gadwyn mynyddoedd yr Himalayas. Ar ôl tair wythnos o deithio mae rhan uchaf y mynyddoedd wedi dod i'r golwg.

Yn gwmni ar y copa mae carneddi o gerrig a brigau wedi'u gosod ynddyn nhw, a myrdd o faneri coch, gwyrdd, melyn a glas yn chwifio yn y gwynt. Mae olion tanau yn mudlosgi yma ac acw, a chlamp o garreg yn cyhoeddi ein bod wedi cyrraedd parc cenedlaethol Chomolungma, sef Everest. Mae Tibetiaid wedi gadael sgarffiau gwyn yma fel offrwm, a gadawaf innau fisgedi a hanner can o Coke. O wybod dwyster ein syched parhaol, credaf y byddai unrhyw dduw yn gwerthfawrogi cymaint y golyga'r can hanner llawn yma i mi.

Treuliwn awr yma'n chwerthin, yn tynnu lluniau ac yn sgwrsio â chriw o Awstraliaid ifanc sy'n teithio mewn jîps i Lhasa. Mae nifer yn edrych yn sâl oherwydd yr uchder, a chynigia un weddill ei frecwast o reis a llysiau oer o gwdyn plastig. O'r diwedd mae'n rhaid symud mlaen gan ein bod yn gobeithio cyrraedd Shegar Dzhong (caer Shegar) cyn iddi nosi.

* * *

Mae cwrdd â'r ddau Awstriad bychan gwallgof eto yn dipyn o syndod. Pan welson ni nhw yn y gwesty ar y noson olaf yn Lhasa, rocdd y ddau yn bwriadu sciclo draw i ddinas Chengdu. Ond gan eu bod wedi'u gorfodi i deithio mewn jîp o'r ffin yn Nepal i Lhasa credai'r ddau fod 'bwlch' yn eu taith. Felly dyma gael lifft yn ôl er mwyn gwneud yn siŵr eu bod yn seiclo'r milltiroedd angenrheidiol. Ar ôl seiclo dros bum mil o filltiroedd roedd ychydig gannoedd yn bwysig iawn.

Trwsio pynctiar arall oedd Dylan pan gyrhaeddodd y ddau gyda'u clustiau tyllog. Roeddynt wedi rhoi cyfresi o fodrwyon yn eu clustiau, pob un yn fwy na'r llall nes bod y twll wedi agor yn ddigon mawr i wthio bys trwyddo. Wrth inni hedfan o'r copa yn ystod y prynhawn, roedd gwên ar ein hwynebau a ledodd wrth inni fynd heibio troad a gweld pa mor agos oedd y mynyddoedd. Yna ildiodd teiar Dylan i'r cerrig unwaith eto, funudau cyn i'r ddau Awstriad gyrraedd.

Golwg ddigon dirmygus a dafla'r ddau ar ein beiciau a'n bagiau. 'Ai dyma'r unig fagiau sydd gennych?' gofynna'r talaf, sy'n denau fel coes brwsh ac yn chwysu dan y straen o ddal ei feic a'r chwe bag gorlawn arno. Nid yw'n deall y jôc pan ddywedaf fod gweision yn cario gweddill ein bagiau. Rhaid codi 'nghap i ddycnwch a dyfalbarhad y ddau yn dal ati i seiclo ar ôl blwyddyn a hanner. Ond rwy'n sicr y busawn yn cael mwy o hwyl yn taclo gwaith cartref mathemateg ar noson o haf nag yn teithio gyda nhw. Wrth iddynt siarad mae llygadau'r ddau'n crwydro i bobman, a'u dwylo prysur yn tynnu trowsus seiclo, byr a thyn yn fyrrach a thynnach am eu coesau. Er eu bod wedi pacio popeth posib ar y beiciau, fe anghofion nhw bacio lwc.

Fe gawsom ein pledu gan gerrig ym Mhacistan . . . mi gefais ddolur rhydd am dri mis yn India—coblyn o waith glanhau'r beic bob nos . . . a chawson ein bygwth gan filwyr arfog yn Nepal ar ôl gwrthod troi'n ôl o'r ffin.' Diolch byth ei bod yn prysur nosi, a'r ddau am seiclo ymhellach cyn cysgu.

Wrth i'r Himalayas ddiflannu yn y gwyll fe gyrhaeddwn lwybr llai sy'n arwain at Shegar Dzhong. Yng ngolau gwan ein fflachlampau dyma seiclo yn y tywyllwch. Awr yn ddiweddarach cyrhaeddwn y pentref gan regi'n gilydd a phawb a phopeth ar ôl cael sawl codwm ar hyd y ffordd. Rydym wedi teithio pump deg pedwar o filltiroedd mewn un diwrnod. Gan osgoi'r cŵn a'r plant bychan sy'n neidio'n ddirybudd o ddrysau tywyll, gwelwn y swyddfa bost uchaf yn China a Thibet, cyn cael hyd i westy o fath a thalu punt yr un am ystafell oerach na rhewgell. Nid oes unrhyw fath o gysur yn y lle hwn gyda'i waliau moel gwyrdd a llaith. Felly dyma fynd i chwilio am fwyd.

Tywynna'r golau o'r ffenestr a gwelwn ddwy ferch mewn cegin yn llawn stêm a sosbenni'n ffrwtian. Drws nesaf i'r gegin mae ystafell â chadeiriau a byrddau plastig simsan, a merch arall y tu ôl i gownter. Dwi bron â'm lladd fy hun yn chwerthin wrth i Dylan wneud stumiau a sŵn fel iâr wrth geisio egluro beth yr hoffai'i fwyta. Mae'n tynnu llun ar ddarn o bapur, ond yn y diwedd mae'n rhaid i ni ddilyn y ferch i'r gegin. Yno dewiswn wyau, reis a llysiau gwyrdd wrth i'r merched wichian chwerthin wrth ein hochrau. Mae'r gegin fel un hen ffermdy; llawr o deils lliwgar a bwrdd llydan pren dan ei sang o lysiau a darnau o gig.

'Nôl yn yr ystafell fwyta cawn botel o Coke yr un, ac yng nghwmni criw o blant distaw edrychwn ar hen deledu gwichlyd sy'n tagu ei ffordd trwy raglen chwaraeon. O weld y chwaraewr pêl-droed Clarence Seedorf a chwpan yn ei law rwy'n casglu fod ei glwb Real Madrid wedi cipio Cwpan Ewrop. Dyna'r unig bwt o newyddion a glywn gydol ein taith, a rhyfedd pa mor braf yw gweld hynny.

Rhyw fath o lobscows anghynnes yr olwg sydd yn cael ei osod o fy mlaen, ond chawsai'r cogydd fawr o hwyl arni a barnu yn ôl blas y gymysgedd o reis, cyw iâr o bosib, ac wyau yn nofio mewn dŵr seimllyd. Rwy'n pigo yn y bowlen fel plentyn wedi'i ddifetha, ac yn rhoi'r gorau iddi'n fuan. Mwy o fisgedi menyn fydd hi imi.

*   *   *

Shegar, Mai 25

Bu'r ymdrech boenus i gyrraedd Shegar werth bob eiliad o weld yr olygfa heddiw. Ar fryn serth mae olion caer, sydd o bosib yn llawer mwy trawiadol na'r Mur Mawr hyd yn oed. Cwyd y graig yn syth o'r ddaear, ac mae waliau a thyrau wedi'u codi arni, fel adeiladu caer ar lethrau Crib Goch. Wrth i'r haul daflu cysgodion dros y gaer mae'n edrych yn debyg iawn i esgyrn deinosor yn codi o'r ddaear.

Man pwysig yn strategol ydi Shegar gan ei fod yn gwarchod y llwybr o Nepal, a bu dan ymosodiad fwy nag unwaith. Yn 1855 roedd Gurkhas o Nepal wedi gosod gwarchae ar y gaer a thorri'r cyflenwad dŵr. Mae'n debyg fod y mynaich—oedd hefyd yn filwyr—wedi berwi menyn *yak* nes iddo hidlo, a mynd ati i baentio'r waliau. Twyllwyd y Gurkhas gan yr hylif gwyn i gredu fod digon o ddŵr yn y gaer i alluogi'r mynaich i baentio'r waliau, a gadawsant yn waglaw. Tua deg ar hugain o fynaich sydd yno heddiw mewn mynachlog newydd a adeiladwyd yn 1985 ar ôl i'r hen un gael ei chwalu yn ystod y Chwyldro Diwylliannol. Roedd dros dri chant o fynaich yno yr adeg yna.

Brecwast o fisgedi a dŵr—y plant lleol eto'n bachu'r poteli gwag yn ddiolchgar—cyn i ni ddychwelyd i'r prif lwybr ac aros wrth *check-point* milwrol arall. Lleolir hwn mewn dyffryn llydan a holltir gan wely afon sych, ac mae yma nifer o adeiladau gwyn yn llawn milwyr a heddlu. Buasai'n anodd iawn ceisio osgoi hwn. Ond diolch i'n trwydded deithio awn trwodd yn ddidrafferth dan olwg y milwyr sy'n gorffwys yn ddiog ar eu gynnau. Seiclwn mlaen at y troad i bentref Chay, sydd yn gwarchod llwybr Everest.

14

Everest

Chay, Himalayas (4400m)

Anodd ydi ysgrifennu llythyrau y tu allan i swyddfa'r heddlu ar y ffordd sy'n arwain at droed Everest. Mae gan un o'r heddweision gi bychan lliw mwstard—ond mi dyfith i fod yn anghenfil—sy'n sgrialu fel oen o un cysgod i'r llall gan gyfarth. Rhed bachgen a'i chwaer fach ar ei ôl; fyntau'n chwerthin a hithau'n gweiddi crio'n ddi-baid gan na all ei choesau bychan ddal i fyny â'i brawd.

Byrlyma nentydd bychain swnllyd yn y caeau trwy gyfres o gamlesi cul, ac uwch fy mhen clecia baner parc cenedlaethol Chomolungma fel chwip yn y gwynt. O fy mlaen mae polyn o streips coch a gwyn wedi'i osod ar draws y ffordd, a nawr ac yn y man daw lorri fawr swnllyd trwy'r dyffryn yn cario cerrig a rhaid codi'r polyn gwichlyd. Hyrddia jîps Toyota rhydlyd heibio yn cario pedwar neu bum teithiwr o'r Gorllewin ar hyd y ffordd gul tuag at fynydd a bwlch Pang La. Felly llythyrau ar eu hanner sydd yn fy llyfr er imi eistedd am oriau. Dwi'n rhoi'r gorau i ysgrifennu, a thynnaf fy esgidiau a'm sanau ac ymlacio yn y cysgod wrth ddarllen *On the Black Hill* gan Bruce Chatwin.

* * *

Llwch yn cael ei chwipio dan fy sbectol haul i fy llygaid sy'n fy llusgo 'nôl i Dibet o'm breuddwydion. Wrth rwbio'r llwch yn ddyfnach i gornel fy llygaid sylwaf fod Toyota arall wedi aros wrth y polyn coch a gwyn. Gorffwysa'r gyrrwr a'r tywysydd yn ddiog ar y boned, ond mae Phurbu, yr heddwas byrrach yn y siaced ledr, yn cloi'r giât ar draws y ffordd. Mae'n gwgu'n chwyrn, ac yn ei law mae ffon rwber drwchus. Ar flaen y ffon mae sbarc glas yn tasgu—pastwn trydan a all daflu sioc drydan nerthol drwy'ch corff.

'Touch me again and I'm gonna stomp you like a fly.' Llais dwfn, coci, Americanaidd yn dod o'r tu mewn i'r swyddfa. Nid yw rhai o'n cyfeillion o America wedi deall ei bod yn bosibl iddyn nhw golli dadl, ffeit neu ryfel. Stwcyn ifanc gwallt golau cwta a chrys tyn yn dangos corff wedi'i siapio'n gariadus yn y gampfa, sy'n gweiddi yn wyneb Lhakpa.

Asgwrn y gynnen ydi'r ffi sy'n rhaid ei thalu am fynediad i'r parc cenedlaethol, ond mae'r criw yma wedi penderfynu mai tric arall ydi hyn i'w twyllo. Saesnes benfelen mewn crys coch yn rhwbio'i thrwyn hir, a dau Israeliad sy'n sylweddoli eu bod wedi gwneud camgymeriad. Un yn bryd tywyll a'r llall yn bengoch groen golau. Swnia'u hiaith yn rhyfeddol o debyg i'r Gymraeg, ac fe'n camgymerwyd ni yn aml am Israeliaid. Dal i wrthod talu mae'r Ianc cegog gan gyhuddo'r ddau heddwas o fod yn lladron. Mae Lhakpa, y capten, yn cael ei frifo gan y cyhuddiadau a gofynna i'r teithwyr adacl. Ateb General Custer yw, 'Nobody tells me what to do, pal.' O fewn eiliadau mae'r Ianc o fewn trwch blewyn i gael crasfa ei fywyd a'i arestio. A *zapper* trydan yn ei ben ôl hefyd.

Rydw i a Dylan yn cymodi rhwng y teithwyr a'r heddlu, a llwyddwn i berswadio'r criw i dalu. Wedi gwneud hynny, i ffwrdd â nhw am Everest heb air o ddiolch. Ond ymateb cwbl wahanol a gawn ni gan y ddau heddwas sy'n ein gwahodd i'w hystafell fyw. Llosga stof ar ganol y llawr, a chyrlia'r mwg tua'r twll yn y nenfwd. Defnyddir dau wely pren fel dwy soffa, ac mae un ffenestr wydr yn y wal. O fewn dim cawn ein hannog i ddod â'n beiciau i mewn i'r ystafell. Er gwaethaf yr haenen o fraster a baw dros bopeth, mae'n gysurus a chynnes.

Diolcha Lhakpa, capten yn yr heddlu a addysgwyd yn India, am ein cymorth gan ysgwyd ei ben oherwydd digywilydd-dra'r teithwyr. Cynigia de menyn *yak*, a does dim dewis ond yfed, yfed ac yfed. Wrth ichi dderbyn y gwpaned gyntaf mae'n gwrtais i'w llowcio ar unwaith, waeth pa mor anodd ydi hynny. A mi fydd y gwesteiwr yn rhythu arnoch wrth i chi yfed, yn barod i ail-lenwi eich cwpan yn syth. Anghwrtais fuasai gwrthod yfed o leiaf gwpaned neu ddwy o'r llestri sydd wedi cracio a'u tywyllu gan faw.

Does dim gair o Saesneg gan Phurbu ond mae Lhakpa yn rhugl. Gŵr ifanc, addysgedig yn pwyso a mesur popeth cyn siarad. Od o ddifrifol am un mor ifanc—yn sicr mae'n fengach na ni—nes i ni gofio'r hyn sydd wedi bod yn digwydd i'w gyd-wladwyr. Gwisga siwmper wlân werdd dros ei grys, a throwsus o wyrdd tywyllach wedi'u smwddio'n berffaith. Anamal y gwisga'i lifrai llawn, dywed, gan eu bod yn anghyfforddus.

Ochr arall y geiniog ydi Phurbu. Wyneb garw wedi'i heneiddio gan yr hinsawdd, a dwylo mawr coch, caled. Tyrr flociau o bren yn ei ddwylo gan eu bwydo i grombil y stof. Rydym yn rhannu'n bisgedi â nhw wrth ofyn cyngor sut i gyrraedd mynachlog Rongbuk, ac yna prif wersyll y mynydd. Taith pedair neu bump awr mewn jîp neu dridiau ar gefn beic. Mae'r ddau wrthi'n coginio te, a chawn wahoddiad i ymuno â nhw. Cynigiwn bacedi o nwdls sych i'r crochan ac aiff Lhakpa i brynu wyau gan ei gymdogion: '. . . mi ga i nhw'n rhatach na chi.' Taflwn y rhain hefyd i'r crochan orlawn i ferwi'n galed fel haearn Sbaen.

Cynigia Lhakpa ofyn i yrwyr y jîps a oes modd rhoi lifft i ni, ond rydym bellach yn disgwyl gorfod aros noson yma. 'Di o ddim yn lle drwg, chwaith; mae'n gysgod rhag y gwynt ac mae gwres y stof yn fy swyno i bendwmpian ar ôl bwyd. Cymer Lhakpa ddiddordeb mawr yn ein bwrdd gwyddbwyll plastig. Un o'r jîps sydd yn rhuo heibio mewn cwmwl o fwg petrol budr ydi'r un yn cludo Craig yr Awstraliad a'r criw a gwrddon ni yn Lhaze. Gan ei bod yn nosi, gwaeddwn helô brysiog gan addo cwrdd yn Nepal.

Yn y caeau sych o flaen swyddfa'r heddlu mae *yak* neu ddau, ac yn gwmni iddynt mae nifer o ieir, a geifr a chlychau am eu gyddfau, ac ambell ddafad. Ond mewn cae arall mae anifeiliaid tebyg i geirw bychan. '*Chiru* ydyn nhw,' medd Lhakpa wrth edrych trwy ffenestr y swyddfa. 'Mae'r rheina'n lwcus gan eu bod yn y parc cenedlaethol ger swyddfa'r heddlu. Bydd helwyr ar eu holau trwy'r flwyddyn gan fod arian da i'w gael am eu cotiau. Mae'r *chiru*'n prinhau gan fod pobl Tibet yn dlawd.'

Rhaid lladd tri neu bedwar o'r *chiru* gwrwyaidd— math o antelop sydd ond i'w ganfod yn Nhibet—i gael digon o wlân i lunio un sgarff a elwir yn *shaahtoosh*. Dygir y gwlân dros y mynyddoedd i Nepal ac yna i Kashmir cyn ei werthu mewn marchnadoedd i'r cefnog yn Efrog Newydd a Llundain. Er ei bod yn anghyfreithlon

gwneud y sgarffiau—heb sôn am eu prynu a'u gwerthu
—telir miloedd o bunnoedd yr un amdanyn nhw. Cyfri'r
chiru yn eu degau o filoedd a wneir bellach, nid yn eu
miliynau, fel ar un adeg, oherwydd yr hela. Ym Mehefin
1999 gwysiodd gwasanaeth Bywyd Gwyllt yr Unol
Daleithiau gant o grach Efrog Newydd—gan gynnwys y
model Christie Brinkley—o flaen eu gwell am fod yn
berchen ar y sgarffiau hyn.

*   *   *

Sŵn, nid llwch sy'n fy neffro y tro yma; corn cras jîp tu
allan, ar fin cychwyn i fyny'r dyffryn gan gario tri aelod
o glwb mynydda China sydd ar eu ffordd i'r prif wersyll
gyda nwyddau. 'Oes, mae lle i ddau,' medd y gyrrwr gan
edrych arnom wrth bwyso a mesur faint o ddoleri y gall
eu ryddhau o'n pocedi. 'Bydd rhaid i un eistedd yn y
cefn ac rydym yn gadael ar ein hunion.' Rwy'n baglu o
amgylch yr ystafell yn hurt a hanner dall gan gwsg wrth
geisio cofio popeth y bydd ei angen arna i. Ar un llaw
rwy'n gyndyn i adael clydwch y caban ond mae tynfa
Everest yn gryf, yn gryfach na sionyn cwsg. Gadawn ein
beiciau yn Chay a stwffio popeth i'n rycsacs gan ddiolch
i Lhakpa a Phurbu. Cytunwn ar bris am y lifft, ond mae
gwên lydan y gyrrwr, a gweld Lhakpa'n ysgwyd ei ben,
yn awgrymu'n gryf ein bod wedi talu gormod.

Rwy'n taflu fy hun ar ben bocsys o gwrw a phetrol
yng nghefn y jîp, a chynigia un o'r dringwyr gôt drwchus
imi eistedd arni. 'Byddwch chi'n hoffi'r *base camp*,'
dywed. 'Rwyf wedi bod yno trwy'r haf, ac wedi colli
dros stôn a hanner,' ychwanega, gan wenu'n hapus a
phwyntio at ei fol. 'Yn anffodus bydda i'n ôl yn Beijing

dros y gaeaf ac yn rhoi'r holl bwysau'n ôl.' Dim ond ar ôl cychwyn rwy'n sylweddoli fy mod wedi gadael y stof, y bwyd a thipyn o'm dillad yn Chay. O fy mlaen mae taith oer a phoenus ar draws mul o lwybr sy'n ein cicio i bob cyfeiriad. Ar ôl y profiad yma fydda i ddim mor eiddigeddus o'r teithwyr yn gwibio heibio yn eu jîps. O gopa mynydd gwelwn yr haul yn machlud ac yn taro ar gadwyn yr Himalayas, a'r rheiny fel ewyn mewn storm a'r ser yn wincian uwchben. Diffodda'r olygfa wrth i ni blymio'n ôl i ddyfroedd tywyll a garw'r dyffrynnoedd.

Mae'n hunllef o siwrnai, gyda'r gyrrwr yn gorfod reslo gyda'r llyw gydol y daith, ac mae sgrechian yr injan wrth ymlafnio i fyny llethrau ac yn gweiddi protest wrth ddisgyn yr ochr arall, yn brifo 'nghlustiau. Cleisir fy mreichiau gan gornel bocs ac mae'n amhosibl yngan mwy nag ambell air ar y tro. Ar ôl teirawr clywaf y gyrrwr yn dweud 'Rongbuk' wrth i ni fynd heibio i oleudy llachar ynghanol y pwll du. Dyna'r fynachlog, ond dal i ddringo a wnawn ni am chwarter awr arall cyn i'r injan ddiffodd yn ddirybudd gydag ochenaid o ryddhad.

Wrth ddilyn y criw tuag at adeilad concrit di-ffenestr mae'r oerfel yn fy mrathu'n galed. Llifa golau melyn o'r drws agored a'r tu fewn mae ystafell foel yn orlawn o Sherpas a dringwyr yn gorwedd driphlith draphlith. Hon ydi ystafell radio a phencadlys clwb dringo China. Chymer neb sylw ohonom ac mae'n amlwg mai lifft i'r gwersyll a dim mwy a brynodd ein doleri. Rwy'n teimlo braidd yn ffôl wrth sylweddoli nad oes pabell na stof gennym.

Dim dewis felly ond troi ar ein sawdl i chwilio am gysgod yn y tywyllwch a ninnau ar 5300 metr—tua

17,500 troedfedd. Codwn wal isel o gerrig a rhoi'n rycsacs yn ei herbyn i geisio torri min y gwynt. Gosodwn ein matresi ar y llawr a chropian i'n sachau cysgu. Ciciaf fy hun wrth feddwl am y dillad cynnes sydd yn dal yn Chay. Torra'r gwynt deifiol trwy'r rycsac a rhaid gwisgo pob cerpyn. Ond rwy'n gwybod fy mod am gael gweld Everest o fewn ychydig oriau.

* * *

India, 1893

Gweld Everest a ysgogodd ddringwr ifanc o Forgannwg, Charles Granville Bruce, capten gyda'r Gurkhas, i lunio a chyflwyno'r cynllun cyntaf i goncro mynydd uchaf y byd yn 1893. Roedd eisoes wedi gwneud enw iddo'i hun trwy berswadio'r fyddin i ganiatáu i filwyr yn India wisgo trowsus byr. Er i'w gynllun ar gyfer Everest danio dychymyg nifer, roedd yn amhosibl cael caniatâd i fynd i Nepal nac i Dibet, felly bu'n rhaid disgwyl bron ddeng mlynedd ar hugain arall cyn mentro ar lethrau'r mynydd. Erbyn hynny dringwr o'r enw George Leigh Mallory oedd ar flaen y gad.

Ar fynyddoedd Eryri y dysgodd Mallory ddringo, cyn y Rhyfel Byd Cyntaf. Treuliodd aml i wyliau yng nghyffiniau Llanberis, gan aros ym Mhen y Pas. Sefydlodd ei hun fel dringwr mentrus a galluog dan arweiniad un o brif ddringwyr y cyfnod, George Winthrop Young ond gan i Young golli ei goes yn y rhyfel, methodd â mynd gyda Mallory ar y cyrchoedd cyntaf yn 1921, 1922 a 1924.

Arweinydd y dringwyr arloesol hyn oedd y Cadfridog Charles Granville Bruce, y dringwr gynigiodd y cynllun gwreiddiol. Er nad oedd ei iechyd yn dda—fe'i clwyfyd yn Gallipoli—roedd yn arweinydd poblogaidd, casgen fechan o ddyn boliog, yn tynnu'n barhaus ar bibell dan frwsh buarth o fwstás du. Mater o bwysigrwydd a balchder cenedlaethol oedd bachu'r 'trydydd pegwn', fel y cyfeirid at Everest bellach. Wedi'r cyfan, roedd Prydain wedi methu'n druenus yn y ras i gyrraedd Pegynau'r Gogledd a'r De. Rhaid oedd bod y cyntaf i goncro Everest.

Tibet, 1920au
Ar yr ymgyrch gyntaf i'r ardal yn 1921 gwelodd George Mallory ddyffryn anferth yn arwain at Everest. Fe'i hatgoffai gymaint o Gymru nes iddo'i fedyddio yn 'western Cwm' a glynodd yr enw hyd heddiw. Y flwyddyn ganlynol, ar Fai 26ain, llwyddodd nai y cadfridog o Forgannwg, Geoffrey Bruce, i gyrraedd uchder o 8300 metr ar lethrau Everest cyn troi'n ôl. Rhaid oedd dychwelyd yn 1924. Ar Fehefin 8fed cychwynnodd Mallory ac Andrew 'Sandy' Irvine, dringwr dwy ar hugain oed arbennig o gryf o Gynwyd ger y Bala, ar y cymal olaf. Fe'u gwelwyd yn fyw am y tro olaf toc cyn un o'r gloch, yn dringo'n gryf tua'r copa. Yna fe'u llyncwyd am byth gan y cymylau.

15

Chomolungma

Gwersyll Dyffryn Rongbuk (5300m), Mai 26

Rwy'n deffro gan rynnu yn oerfel y bore. Agoraf fy llygaid, ac yn y golau llwyd gwelaf Everest am y tro cyntaf trwy'r hollt yn y sach gysgu. Rwy'n fachgen bach sy'n dal i gredu ar fore'r Nadolig eto. Teimlaf yr oerfel ar flaen fy nhrwyn fel petawn newydd agor drws rhewgell. Mae'r sach yn teimlo'n drymach, galetach rywsut, a sylwaf fod haenen o rew ac eira drosti i gyd fel croen.

Er gwaethaf yr oerfel rhaid codi i fwynhau'r olygfa wych. Codaf ar fy nhraed yn y sach a'i hagor gan gamu o'i chlydwch. Mae fel disgyn i bwll dwfn, rhynllyd. Neidiaf i fyny ac i lawr gan chwifio 'mreichiau fel melin wynt ac anadlu'n herciog fel petai atal dweud arna i. Bellach mae Dylan yn effro, ond o 'ngweld i'n dawnsio'n wyllt mae'n ddigon parod i setlo am rai munudau ychwanegol yng nghysgod ei sach gysgu.

Wrth stwffio'r sach a'r fatres i'r rycsac gwelaf ddyffryn llwm Rongbuk a phrif wersyll Everest ar ochr Tibet yn cysgodi yn y canol. Mae'n ddyffryn llwm, tebyg i luniau o'r lleuad, gydag afon yn ei hollti. Saif ambell *yak* blewog â chyrn hir yn yr afon yn yfed. Wedi'u gwasgaru ar hyd y dyffryn mae tua ugain o bebyll amryliw o bob maint, a baneri gwledydd Uzbekistan, Belg, yr Almaen, Seland Newydd ac America yn eu mysg. Mae ambell un ar agor, a ffigurau tenau, barfog yn berwi dŵr ar stofs bychain. Gan fod ein stof ni'n ddiogel yn Chay, brecwast o ddŵr oer gawn ni.

O'r un safle yma y ceisiodd dringwyr yn yr 1920au a'r 30au goncro Everest am y tro cyntaf. Ond roedd y rheiny'n gorfod treulio dros fis yn cerdded yma o India. Tua taith diwrnod yn uwch i fyny'r dyffryn mae'r *advanced base camp*, ond rhaid prynu trwydded i deithio mor bell â hynny. Ddeuddydd ynghynt roedd dringwyr o Rwsia wedi mentro heb ganiatâd na thywysydd, a bu bron iddyn nhw foddi wrth groesi afon. Ond mae'n llawer llai prysur yma o'i chymharu â'r gwersyll yn Nepal, sydd yn fendith. Anodd credu ein bod bron i chwe gwaith yn uwch na'r Wyddfa yn y dyffryn yma.

* * *

Rhwystra llethrau'r dyffryn belydrau'r haul rhag ein cynhesu a rhaid symud i gadw'n gynnes. Cerddwn ar hyd y dyffryn ac Everest o'n blaen. Fe'i ffurfiwyd dros hanner can miliwn o flynyddoedd yn ôl ac mae'n ymestyn bum milltir uwchlaw lefel y môr. O'i gopa mae sgarff wen yn chwifio yn y gwynt wrth i'r eira gael ei chwipio oddi arno gan wyntoedd cryfion y *jet stream*. Cwyd y llethr o'n blaen bron yn syth a di-dor i'r copa, ond y llwybr ar yr ochr ogleddol y dewisodd George Mallory ei ddilyn am y tro cyntaf yn 1921. Er ei bod yn haf, mae côt wen yn gorchuddio'i ochrau fel ffrog briodas, ond mae wedi'i thyllu yma ac acw gan greigiau duon yn gwthio'u dannedd miniog i'r wyneb.

O bell, afon fechan yw'r un sy'n rhedeg trwy'r dyffryn, ond wrth nesáu ati gwelaf ei bod dipyn dyfnach. Rydym yn cerdded 'nôl a mlaen ar hyd ei glan yn ceisio dewis lle i groesi, ac yn y diwedd rhaid neidio fel geifr o garreg i garreg. Buasai traed gwlyb yn y rhewgell yma'n boenus a pheryglus. Croeswn ail ran yr afon yn gynt gan ei bod wedi rhewi'n gorn, gan chwerthin wrth sglefrio ar ei thraws. Cyrhaeddwn wersyll dringwyr o Awstralia a Seland Newydd, cwmni sy'n arbenigo ar dywys cwsmeriaid o gerddwyr cefnog i gopa'r mynydd am grocbris. Ger eu gwersyll mae golygfa swreal—toiled â sedd bren, a waliau cerrig wedi'u codi o'i amgylch. Mae'n debycach i orsedd cawr nag i doiled. Gall dringwyr eistedd yn glyd a chyfforddus arno'n edrych yn hamddenol ar Everest. Ar y chwith mae'r prif lwybr i'r *advanced base camp*, a rhes hir o *yaks* a Sherpas yn ymlwybro arno. Yn oerfel y bore llithra'n sgidiau ar y cerrig llyfn sydd wedi'u gloywi gan yr haul a'r gwynt.

Allwn i byth fod wedi dychmygu'r fath olygfa lom; cerrig llwyd ymhobman ac Everest yn coroni'r cyfan. Cyfuniad o brydferthwch—gan fod ei faint a'i siâp mor syml—ac o hagrwch peryglus. Y llethrau serth, caregog wedi'u gorchuddio ag eira yn rhybudd i'r ffôl beidio mentro arno; rhybudd a gaiff ei anwybyddu'n aml gan dynfa hudolus y copa. Teimlaf mor fach wrth sefyll yn nyffryn Rongbuk y bore yma yn rhynnu yn yr oerfel, fel pryfyn ar draeth caregog Dinas Dinlle a'r Eifl yn llenwi'r gorwel.

Ar ôl hanner awr o gerdded a hanner dringo, fe goncrwn slab anferth o garreg sydd gymaint â bws deulawr ac eisteddwn arni i fwynhau'r olygfa. Cripia ambell belydryn o haul dros waliau uchel y dyffryn gan oleuo a chynhesu'r mynydd yn gyntaf cyn codi'n ddigon uchel i droi ei sylw atom ni. Ond mae 'mhen ôl yn oeri ar y garreg ac felly cyrcydaf arni nes bod fy mhengliniau'n llosgi. Dyma ddyffryn digon cyffredin a llwm a gaiff ei ddyrchafu i'r anghyffredin gan bresenoldeb y mynydd sy'n teyrnasu o'i orsedd ym mhen uchaf y cwm.

Wrth eistedd ar y graig yn synfyfyrio, am un eiliad wyllt, wirion a bendigedig dychmygaf fy hun yn cyrraedd y copa. Wedi'r cyfan, nid yw'n fynydd technegol anodd i'w ddringo; mae pobl hŷn o lawer na fi wedi ei goncro, ac rwy'n ifanc, cryf a ffit; yn ffitiach nag y bûm erioed. Ond yr eiliad nesaf credaf imi sylweddoli pam fod cymaint yn cael eu hudo a'u twyllo gan Everest; eu twyllo i gredu fod y gallu a'r nerth yn eu cyrff i goncro'r mynydd. Wrth imi syllu ar y llethrau gwyn, cofiaf am gerdd gan y dringwr Geoffrey Winthrop Young. Er iddo'i hysgrifennu yn 1909, bymtheng mlynedd cyn i'w gyfaill Mallory ddisgyn a rhewi i farwolaeth ar Everest gydag Irvine, mae'n deyrnged iddynt ac yn broffwydoliaeth o'u tynged.

Brothers 'till death, and a wind-swept grave,
Joy of the journey's ending.
Ye who have climbed to the great white veil,
Heard ye the chant? Saw ye the Grail?

Canfuwyd corff Mallory ar lethr Everest ar uchder o tua 27,000 troedfedd ar 1 Mai, 1999 gan griw oedd yn chwilio am dystiolaeth iddo ef ac Irvine gyrraedd y copa. Roedd coes Mallory wedi torri ac roedd wedi croesi'r llall drosti i geisio lleddfu'r boen wrth farw. Esgidiau hoelion mawr a wisgai, a haenau tenau o gotwm, gwlân a brethyn i'w gadw'n gynnes. Roedd ei sbectol haul yn ei boced a phecyn o lythyrau wedi'u plygu'n ofalus ynghanol hances silc goch wedi'u clymu am ei wddf. Bu farw a'i fysedd yn crafangu'r graig wrth iddo geisio atal ei gorff rhag llithro'n bellach. Roedd Mallory wedi dweud y byddai'n gadael llun o'i wraig Ruth a'i llythyrau hi ar y copa. Doedd y rheiny ddim ymysg y llythyrau eraill a ganfuwyd ar ei gorff er ei fod wedi mynd â nhw gydag ef.

Dros y blynyddoedd mae dringwyr wedi codi carneddi cerrig ar hyd a lled y dyffryn un ai fel offrwm neu er cof am gyfeillion coll. Codaf i a Dylan garnedd bychan a sefyll yn ddistaw am ennyd. Gwenaf a diolch am gael bod 'ma. Mae cyrraedd y fan yma'n gopa imi, yn nod a osodwyd amser maith yn ôl. Dyna pam rwy'n gwenu ger y garnedd gan daflu cipolwg ar Chomolungma. Mi fydda i 'nôl, gobeithio, ond byth ymhellach nac yn uwch na hyn.

*   *   *

Rydym yn llwgu wrth gerdded yn ôl i'r gwersyll gan yfed gweddill ein dŵr a phaentio'n wynebau'n wyn rhag yr haul cryf. Siom a gawn ni yn y gwersyll. Er cerdded o babell i babell yn cyfarch hwn a'r llall, ac yn llongyfarch rhai ar gyrraedd y copa, rydym dal yn waglaw awr a hanner yn ddiweddarach. Er egluro'n stori a chynnig talu, chawn ni ddim ond dau lond myg o ddŵr poeth.

Penderfynwn gerdded tair milltir i fynachlog Rongbuk gan eu bod yn cynnig llety a bwyd yno, a chlywn fod criw o ddringwyr o Uzbekistan yn gadael y gwersyll drannoeth fory mewn lorri fawr a dwy jîp; efallai fod gobaith cael lifft ganddyn nhw i Chay. Rhaid cyfaddef fy mod yn synnu clywed i'r rheiny gyrraedd y copa gan fod golwg mor dlodaidd arnyn nhw yn eu plisgwisg tenau a budr, a threnyrs rhad am eu traed. Gwerthu eu hoffer dringo i'r Sherpas y maen nhw y bore 'ma, wrth setlo eu bil am waith cario'r Sherpas.

Cymer dri chwarter awr o gerdded poenus dan haul cythreulig o boeth i gyrraedd y fynachlog, ac mae'r pothelli ar fy nhraed yn lluosogi bob eiliad. Mae'n rhyfedd sylwi nad yw Everest yn lleihau o gwbl wrth gerdded oddi wrtho. Cragen wag ydi mynachlog Rongbuk heddiw sydd yn gwarchod y llwybr at droed y mynydd, ac mae'n rhaid ei bod yn un o fynachlogydd uchaf y byd. Dim ond ci a welwn ni yma i gychwyn, ond mae yma siop dan glo, a danteithion lu o fewn cyrraedd ein dwylo barus.

Wrth ochr y fynachlog mae cae gwyrdd o laswellt a thair pabell liwgar ond gwag arno. O'r diwedd daw mynach o grombil yr adeiladau gan agor porth pren, cymaint ag un castell Caernarfon, a'r paent coch yn disgyn oddi arno fel dail yr hydref. Agora'r siop a berwi dŵr, ac fe gawn bryd blasus o nwdls â blas cyw iâr— tebyg iawn i Pot Noodle—a the Tibet. Gwerthir siocled o ryw fath hefyd. Dim ond ar ôl stwffio'r bar lawr fy ngwddf yn gyfan y sylwaf ar ei flas cryf a chwerw, fel coffi cryf yn Nhwrci.

*   *   *

Ger y fynachlog mae cwt simsan ac ambell iâr a bugail yn crafu bywoliaeth o'r tywod. Tybiaf mai cwt llety i anifeiliaid ydyw, ond yna synnaf weld teulu yn eistedd yn flêr ar bennau'i gilydd y tu mewn. Daw rhai draw i syllu arnom ac mae dyn yn eistedd wrth fy ochr. Mae'n fyrrach na mi, ond mae ganddo ddwylo llydan garw ac esgidiau tenau, ysgafn fel y rhai a wisgir gan fy rheolwr banc. Sylla'n hir ar fy rhai i cyn dechrau gwneud arwyddion â'i ddwylo a chyfeirio atyn nhw ac ataf i. Mae'n gofyn am fy esgidiau ac yna am fy oriawr hefyd. Po fwyaf y dywedaf 'na' yr uchaf y cwyd yntau ei lais a symud ei ddwylo'n gyflymach. Mae cyfuniad o'r cyfan yn codi ofn arna i nes imi weld Dylan yn chwerthin.

Yna fe gyrhaedda Ioan Fedyddiwr—dyn barfog, tal a llydan, wedi'i wisgo o'i gorun i'w sawdl mewn gwlân trwchus. Coch ydi'r crys, ond mae'r trowsus, y siaced a'r wasgod yn hufen felyn. Mae'r ffon yn ei law bron cyn daled ag ef ac mae het fel *Mountie* o Ganada ar ei ben. Tafla'i rycsac i'r llawr a dechrau siarad Tibeteg â'r bobl leol tra dawnsia'i lygaid gwyllt ar hyd yr ystafell. O fewn dim mae'n llowcio powlen o nwdls a llysiau gyda chymorth toes budr a dynnodd o grombil ei rycsac. Dalia'i wefusau at ochr y bowlen, gorffwys ei het 'nôl ar ei gorun a sbydu'r bwyd i'w geg gyda'r toes fel petai'n gwagio dŵr o waelod cwch a honno'n suddo. A thrwy'r adeg mae ei lygaid glas yn syllu arnom. Ag acen Americanaidd datgana'n hyderus mai Saeson ydym.

'Ah! Celtiaid,' dywed ar ôl i ni ei ateb, gan gyhoeddi ei ddehongliad ef o gefndir a tharddiad y Celtiaid. Cofiaf imi ei weld yn frysiog yn Shigatse yn sefyll y tu allan i jîp lychlyd. Treuliodd dridiau yn cerdded o Chay i Rongbuk ac mae'n amlwg ei fod wedi bod ar ei ben ei hun yn yr haul yn rhy hir. Ffarwelia a cherdded at y mynydd sydd wedi bod fel magned i'r gwirion a'r gwallgof ers blynyddoedd. Gwertha'r siop boteli cwrw Lhasa hefyd; poteli mawr, lliw brown, yn oer o'u cadw yn y cysgod mewn dŵr. Prynwn ddwy yr un ac eistedd ar y glaswellt gyda mwy o'r barrau siocled chwerw i fwynhau'r olygfa a'r heulwen.

Bwlch Nangpa La, Rhagfyr 1997

Ychydig fillitiroedd o'r cae lle rydym yn mwynhau'r heulwen a'r cwrw, mae'r ffordd garegog yn fforchio wrth afon Rong Chu ac yn arwain i bentref anghysbell Kyetrack. O'r fan hyn, llwybr gafr garw ac unig sydd yn arwain at y ffin â Nepal dros fwlch Nangpa La ar uchder o 5700 metr. Llwybr anodd a pheryglus i gerddwyr profiadol yn yr haf. Angeuol i ffoaduriaid ynghanol gaeaf.

Ar drothwy Nadolig 1997, roedd cwpl o'r Alban yn cerdded ger Nangpa La. Roedd stormydd gaeafol wedi mygu'r ardal, a metr o eira wedi disgyn mewn awr wrth i'r tymheredd blymio bymtheg gradd o dan y rhewbwynt. O ganol yr eira, yn hercian, yn wylo ac yn ymbil am gymorth fe faglodd criw cymysg o Dibetiaid. Roedd un ar hugain o blant ac oedolion ar fin marw.

Roedd y Tibetiaid wedi cerdded am dair wythnos mewn esgidiau tennis ysgafn, a heb fwyta'n iawn ers dyddiau. Bu farw pedwar plentyn rhwng deg ac un ar ddeg oed, a mynach un ar bymtheg oed yn ystod y daith. Gadawyd y cyrff yn yr eira. Aethpwyd â'r criw i ysbyty ym mhentre Khunde ger Namche Bazaar—a sefydlwyd gan Syr Edmund Hillary er cof am ei wraig a'i unig ferch fu farw mewn damwain awyren yn yr ardal. Oherwydd effaith yr oerfel fe gollodd un oedolyn ei ddwy goes yn yr achos gwaethaf o'i fath i'r meddygon yn Kathmandu orfod ei drin. Yn yr un mis bu farw merch ddwy oed wrth geisio ffoi gyda'i theulu dros Nangpa La.

Teimlaf yn euog nad arhosais yn hirach yn rhai o'r pentrefi anghysbell, gyda'r plant llwglyd a'r anifeiliaid tenau yn baglu o glych y tai mwd cyntefig. Yr unig ffordd y gallen nhw ddianc rhag hyn fyddai cerdded dros y mynyddoedd ynghanol gaeaf, pan fo llai o filwyr yn eu gwarchod.

16

Y Deintydd

Deintydd preifat o Santiago oedd Francisco cyn iddo gael llond bol a phacio'i fag i deithio'r byd. Fel yr awgryma'i gyfenw—Munoz Thompson—hana ei deulu o Brydain a Sbaen a siarada Saesneg cywir, pwyllog ag acen Sbaenaidd drom. Bu hefyd yn swyddog rhan amser yn llynges Chile ac mae agwedd llawer hŷn ganddo na'i bum mlynedd ar hugain. Ar ei gefn mae plasty o rycsac y gallai fod wedi'i stwffio ei hun iddi petai'n plygu'i goesau a dal ei wynt.

Wrth iddo faglu i lawr y llwybr at fynachlog Rongbuk mae'n amlwg ei fod yn dioddef o'r gwres a'r uchder. Ar ôl diwrnod cyfan o gerdded dan yr haul a dim ond hances boced goch a fflasg o ddŵr i'w warchod, mae ei waed yn berwi yn ei wythiennau.

'Rwy wedi gwneud gormod . . . cerdded llawer rhy bell . . .' dywed cyn llithro i siarad Sbaeneg carbwl. Mae ei wyneb yn fflamgoch, ei drwyn yn beryglus o binc a'i wefusau'n sych a chaled fel plisgyn cneuen.

Cerddwn gydag ef i'w ystafell yn y fynachlog a bron â chyfogi yn y fan ar lle. O'r oglau, rhaid fod *yaks* neu ieir wedi bod yn cysgodi yno dros y gaeaf. Ni sylwa Francisco ar ddim wrth ddisgyn ar ei wely, ac mae'r ychydig wallt sydd ganddo wedi glynu wrth ei ben gan chwys oriau o gerdded.

Cymer chwarter awr dda o chwilio dyfal cyn i ni gael ein cyfeirio i grombil y fynachlog gan hen wreigan mewn clogyn o wlân coch. Yno mewn ystafell fyglyd, ddi-ffenestr mae dau fynach wrthi'n llenwi fflasgiau â dŵr poeth. Gyda chyfuniad o arian, ymbil a gweddïo fe lwyddwn i gael ystafell arall i'r tri ohonom. Un llawer glanach. Bron inni orfod cicio Francisco o'i bydew drewllyd a chario'i fagiau i'r ystafell arall cyn mynd ati i brynu dŵr a diodydd siwgr a mêl iddo'u hyfed.

Wrth iddi dywyllu ac oeri'n rhyfeddol o gyflym mae'n mynd i gysgu, ac fe awn i chwilio am fwyd. Mae'r un hen wreigan fach yn brysur yn ei chwman yn y gegin yn procio tanllwyth o dan coed a baw *yak* sych dan y stof. Mae reis yn berwi'n brysur mewn crochan fawr a phadell ffrio wedi duo gan flynyddoedd o goginio yn cynhesu'r drws nesaf iddi. O fewn dim mae'n torri tatws yn ddarnau bychain tenau, tebyg i greision, ac yn eu ffrio'n ysgafn. Tafla'r reis ar ben y tatws cyn cymysgu'r cwbl gyda phupur a'i arllwys yn bentwr ar ein platiau barus. Cynigia sôs tywyll i ni o botel fawr wydr hynafol a dyma un o'r prydau mwyaf blasus imi ei fwyta erioed. Goleuir yr ystafell gan ganhwyllau a fflamau'r stof.

Aiff Dylan i 'nôl Francisco a'i berswadio i ddod i'r gegin er mwyn bwyta ac yfed ychydig. Mae wedi cryfhau dipyn ers y prynhawn ond gwelw iawn ydyw o dan ei losg haul. Penderfynwn y dylai aros yn ei wely fory tra bod Dylan a finnau'n cerdded i'r gwersyll i chwilio am lifft. Cytuna Dylan a finnau'n dawel bach mai cynta'n byd y cawn y deintydd bach lawr o'r dyffryn, gorau'n byd. Mae'n amlwg bod y cyfuniad o'r haul a'r uchder wedi'i lorio fel dwrn Tyson.

Chafodd Francisco fawr o lwc yng nghyffiniau Everest. Cyn mynd i gysgu, adrodda'i hanes inni dros fygaid o goffi cryf a siwgr. O fewn munudau iddo ffarwelio â ni ym mhentref Chay, fe sylwodd fod y

111

gyrrwr nid yn unig yn feddw ond ei fod yn dal i yfed. Siwrnai hunllefus ar lwybr serth heb sôn bod y gyrrwr yn feddw ac yn bygwth ei deithwyr. Bu'n rhaid iddyn nhw aros am noson mewn llety ar ochr y ffordd a chysgu ar y pridd.

*   *   *

India, 1865

Peiriannydd barfog â gwallt hir fel canwr opera oedd y Cyrnol George Everest o sir Frycheiniog. Aeth i India, ac erbyn 1823 roedd wedi'i benodi'n brif syrfëwr y wlad. Roedd yn gyfrifol am fapio'r is-gyfandir wrth i Brydain gryfhau ei gafael ar yr ardal yn y gêm imperialaidd gyda Rwsia. Rhan bwysig o'r gwaith oedd mesur cewri'r Himalayas a ymestynnai am bron i bedair mil o gilomedrau o'r Hindu Kush ym Mhacistan i ddwyrain Tibet. A dulliau arloesol George oedd yn gyfrifol am hwyluso'r broses o'u mesur, er eu bod gannoedd o filltiroedd i ffwrdd. Pan ymddeolodd yn 1843, ei farf a'i wallt yn wyn, ac wedi'i urddo'n farchog, roedd nifer o gopaon, gan gynnwys 'Copa B' ar y ffin rhwng Nepal a Tibet yn dal heb eu mesur.

Mesurwyd Copa B, a elwid bellach yn 'Copa XV', yn 1847, ond cymerodd bum mlynedd i ddehongli'r mesuriadau. Indiad, Radhanath Sikdhar, wnaeth y gwaith, a fo a gyhoeddodd i'w bennaeth, Syr Andrew Waugh, 'Dwi wedi darganfod mynydd uchaf y byd.' (Roedd y mesuriadau gwreiddiol o 29,002 troedfedd yn rhyfeddol o gywir.) Bu dadlau brwd dros enwi'r mynydd wrth i Brydain ddiystyru'r enwau a oedd wedi bodoli ers canrifoedd; enwau cyfoethog a gyfleai urddas y mynydd:

i'r Tibetiaid, Chomolungma, sef 'Mam-dduwies y Ddaear', ac i'r Nepali, Sagaramantha, sy'n golygu 'Duwies y Nen'. Gwrthwynebodd Syr George bob cais i'w enwi ar ei ôl, ond yn ofer. Yn 1865, flwyddyn cyn iddo farw, enwyd y mynydd er teyrnged i Syr George Everest. Tybed beth fyddai wedi digwydd petai George Jones oedd enw'r syrfëwr a'r milwr o sir Frycheiniog!

* * *

Mynachlog Rongbuk (4900m), Mai 27
Coffi melys yw brecwast bore Mercher, cyn cerdded i'r gwersyll isaf. Gadawn Francisco yn ei wely gyda llyfr a fflasg o ddŵr poeth ac addewid y byddwn yn dychwelyd. Mae Dylan yn ei chael hi'n dipyn anoddach i gerdded i'r gwersyll, ac yn aros yn aml i gael ei wynt. Croesaf yr afon sy'n ffinio â'r gwersyll a chael fy nghroesawu gan glychau'r *yaks*, mwg ambell dân y Sherpas a sgwrsio dringwyr o bob gwlad dan haul.

Dim ond lorri a jîp sydd yn y gwersyll a gwrthoda'u gyrwyr â'n helpu, gan fod eu cyflogwyr yn dringo ar y mynydd. Felly dechreuaf gerdded o amgylch gweddill y gwersyll i chwilio am gymorth yn y pebyll. Pebyll criw o China yw'r rhai mwyaf yma, a thrwy wenu caf fynediad i babell eu harweinydd di-wên sy'n gwisgo sbectol haul siâp petryal, tebyg i gasét fideo. Siarada trwy gymorth cyfieithydd bychan, crwn. Mae'n babell eang fel un syrcas; canfas gwyrdd trwm gyda fframiau gwelyau metel wedi'u gorchuddio gan flancedi trymion o ddefnydd garw.

Teimlaf fel petai llygaid y pedwar gŵr yn eu cotiau glas a choch—fel swigen am bob un—yn syllu'n syth trwydda i wrth imi geisio egluro lle'r oedd Cymru. Dyma 'nghyfle, meddyliaf, i bwysleisio nad gorllewinwr o un o'r gwledydd mawr ydwyf. 'Felly nid Prydain?' gofynnodd un. 'Na,' atebaf yn betrus gan groesi 'mysedd. 'Nac America?' gofynna eto. 'O, na.' Dipyn mwy hyderus y tro yma, wrth imi fynd ati i egluro fod cyfaill wedi'i daro'n wael, a'r cyngor meddygol oedd mynd ag ef lawr o'r mynydd. Pwysleisiaf ein bod yn fodlon talu am lifft mewn doleri.

'Mae'n ddrwg gennym, ond allwn ni mo'ch helpu,' medd y cyfieithydd ar ôl gweld ei bennaeth yn ysgwyd ei ben, ac eglura nad yr arian sy'n bwysig wrth imi ddangos y bwndel o ddoleri yn fy nwrn. Dim ond wrth adael y sylweddolaf fy nghamgymeriad. Gofynnon fwy nag unwaith o ba wlad yr oeddwn, ac mae'n siŵr wrth i mi bwysleisio mai gwlad fechan yw Cymru eu bod wedi colli diddordeb yn syth. Unwaith y deallon nhw nad oedd o fantais iddyn nhw ein helpu, doedden nhw ddim am wybod.

Mae'n brofiad gwych edrych ar Everest, ond heb fwyd na diod na syniad pryd y cawn lifft oddi yma, teimlaf yn anesmwyth iawn. Mae'r rhuo yn fy mol yn gwneud imi feddwl am fwyd, a ceisiaf ddychmygu sefyllfa'r dringwyr cynnar yn y lle hwn. Tuniau o sardîns, llefrith tun, jam a the oedd eu bwyd nhw ddydd ar ôl dydd, ac os nad oedd y stof yn gweithio ar y mynydd rhaid oedd cymysgu'r cyfan gydag eira a'i fwyta'n oer.

Wrth i'r haul godi'n uchel yn yr awyr daw cyfaill Lhakpa draw atom a dweud fod gyrrwr y jîp yn fodlon rhoi lifft i ni bellach, am grocbris. O fewn munudau rydym yn eistedd yng nghefn y jîp gan feddwi ar y teimlad o hapusrwydd ein bod ni'n symud eto ac oglau'r tuniau petrol yn y cefn. Â doler neu ddwy arall fe lwyddwn i berswadio'r gyrrwr—dyn canol oed a'i wyneb wedi'i greithio'n ddwfn ers ei arddegau—i aros ger y fynachlog. Eisteddaf yng nghefn y Toyota tra carlama Dylan fel ebol blwydd i'r fynachlog i nôl Francisco. Ymddengys eiliadau'n ddiweddarach a bag anferth Francisco ar ei gefn gan hanner llusgo'r perchennog y tu ôl iddo—hwnnw'n cau ei lygaid yn dynn rhag yr haul llachar ar ôl bore yn nhywyllwch yr ystafell. Chawsai ddim cyfle i wisgo trowsus dros ei ddillad thermal nac i glymu careiau ei esgidiau cerdded, a bagla ei ffordd at y jîp.

Dilynwn lwybr wrth ochr afon Rong Chu wrth iddi lithro i lawr y dyffryn gan sbydu trwy ambell bentref bychan, ond sylwn ar ddim oherwydd ein bod yn cael ein taflu i fyny ac i lawr ac o ochr i ochr. Arhoswn yn un pentref i'n gyrrwr gael siarad â chriw o yrwyr eraill. Mae tua pymtheg jîp mewn rhes y tu ôl i'w gilydd a thyrra'r gyrwyr o amgylch eu harweinydd byr. Mae wedi'i wisgo o'i gorun i'w sawdl mewn du: trowsus a chrys silc, a siaced ledr hir drom, yn gorffwys ar ei ysgwyddau. Nid yw wedi trafferthu i roi ei freichiau trwy'r llewysau ac mae ei ddwylo'n gorffwys yn ddiog yn ei felt.

Wrth ailgychwyn ar y daith, awn yn beryglus o agos i'r ochr fwy nag unwaith ac rwy'n ddiolchgar pan gyrhaeddwn y gwersyll yn ddiogel ynghanol nos.

17

Chang

Draig Goch fawr liwgar fydd yn eich croesawu os ewch i swyddfa'r heddlu ym mhentref Chay. Dyna un o'n anrhegion ni i'r ddau heddwas, Lhakpa a Phurbu, a wnaeth gymaint i'n helpu. Fe'i rhoddwyd ar y wal fudr y tu ôl i'r ddesg yn y swyddfa gan symud y posteri swyddogol i'r ochr arall.

Crefft ydi yfed yn Tibet gydag arferion a rheolau gwahanol yn dibynnu ar yr hyn yr ydych yn ei yfed, ac yn lle. Rhaid gofalu peidio ag yfed ormod o un, na gormod o un arall, a gofalu dal y gwpan yn y modd cywir gan ddangos parch i'ch gwesteiwr.

Chang a osodir o'n blaenau yn swyddfa'r heddlu, sef cwrw cartref arbennig o gryf sy'n edrych fel uwd cyn ei ferwi. Rhaid yfed o leiaf ddwy gwpanaid ar eu pen, ac er nad oes raid yfed y drydedd, yr arfer ydi gwlychu blaenau eich bysedd a thaflu dropyn neu ddau i'r awyr. Offrwm ydi hyn i'r duwiau a all fod yn y cyffiniau, a dylsai ddod â lwc dda ichi—cyn belled nad ydi'r duw arbennig yna'n ddirwestwr. Bron heb inni sylwi diflanna chwech neu saith cwpanaid o'r *chang* melys (rwy'n siŵr mai dyma sut mae medd yn blasu), ac yn yr ystafell fyglyd gynnes mae 'mhen i'n nofio ac rydym yn parablu siarad pymtheg y dwsin â'n gilydd.

Mae cynulleidfa gennym hefyd. Wynebau budr fel petaen nhw wedi cael eu rhwbio mewn mwd sydd gan bob plentyn yn y pentref, ac mae criw yn sefyll yn swyddfa Lhakpa yn syllu arnom. Mae un ferch droednoeth yn cario'i chwaer fach wedi'i rhwymo ar ei chefn â chadachau. Twll twt wedi'i dorri ym mhen ôl y trowsus a staen tywyll sych, ond drewllyd, yn rhedeg ohono. Dim angen newid clytiau yma. Gwichian chwerthin wnân nhw gan sgrialu i bob cyfeiriad pan dynnwn lun. Rhyfeddant at y bisgedi a'r melysion a gynigiwn iddyn nhw, cyn eu stwffio i'w pocedi.

Gofynna Lhakpa a oes ffilm sbâr gennynm. O fewn dim rydym yn tynnu lluniau'n gilydd a chaiff Dylan hyd yn oed wisgo lifrai heddlu Lhakpa. Jôc fawr yw hynny. Gwell gan Phurbu gael tynnu'i lun yn gwisgo dillad traddodiadol ei bobl: cap o frethyn wedi'i frodio a'i wnio'n batrymau cywrain o aur, ac yna streipiau glas ac oren main fel gwe pry cop ar yr ochrau. Yr ymyl yn ffwr cynnes fel côt cath, ac wedi'i rowlio'n dynn fel y gellir ei dynnu i lawr dros y clustiau mewn tywydd oer. Dros ei ysgwyddau gorffwysa clogyn gwyrdd trwm, a hwnnw wedi'i lapio am ei ganol â belt lledr. Mae un fraich yn rhydd i'w alluogi i dynnu'r gyllell hir o garn asgwrn sydd wedi'i gwthio i'r belt. Gwain gerfiedig—o bosib o asgwrn arall—wedi'i gorchuddio â phatrymau aur mân o amrywiol faint fel llinellau ar fap. Cyrhaedda'r clogyn at ei bengliniau.

Fe gafodd swyddfa'r heddlu ei gwyngalchu rywdro ac mae'r drysau'n boenus o isel hyd yn oed i rywun o daldra cyffredin fel fi. O boptu'r drws mae trawstiau pren wedi'u paentio'n wyrdd, a silff fechan eto o goed lliw coch, uwch ei phen, a'r ffenestri cul yn wyrdd a gwyn. Uwchben honno mae silff, mae'n debyg i gadw glaw ac eira oddi ar y ffenestr. Ond yr hyn sy'n hoelio fy sylw yw'r border o batrymau metel dan y bondo, fel rhes o lwyau caru Cymreig drws nesaf i'w gilydd.

Cawn fenthyg ystafell yng nghefn yr adeilad i gysgu ynddi, sef eu hystafell nhw, ac mae'r ddau yn mynd i gysgu ar y bynciau metel yn y swyddfa. Yng ngolau'r gannwyll sylwaf ar fap o'r byd a lluniau o feiciau modur yn addurno'r waliau. Ystafell syml ond braf.

*   *   *

Wrth adael y bore 'ma dwi bron â disgyn fwy nag unwaith; effaith y *chang* yn hytrach na'r uchder. Bu caredigrwydd Lhakpar ddistaw a Phurbu galed yn un o uchafbwyntiau'r daith, ac mae'n chwithig ffarwelio er mai deuddydd yn unig a dreulion ni yn eu cwmni.

O'n blaenau mae bore anodd o deithio 52 cilomedr yn nannedd y gwynt sy'n cryfhau'n raddol wrth i'r haul godi'n uwch yn yr awyr, a dim ond dau ddigwyddiad sy'n torri ar undonedd yr oriau o seiclo. Gwelwn gwpl ifanc o'r Gorllewin yn gwersylla ar lan afon Nien Chu, yn coginio brecwast ac yn chwifio dwylo arnom. Awr yn ddiweddarach maent yn chwifio dwylo arnom o gefn lorri las sy'n taranu heibio gan chwalu'r distawrwydd. Unwaith y diflanna dros y gorwel, dim ond sŵn y gwynt a phelydrau'r haul a gawn yn gwmni.

Mae ci cymaint â llo yn eistedd o flaen adeilad sgwâr tua hanner canllath o'r ffordd. Cwyd ar ei draed gan gyfarth a rhedeg tuag atom ond fe'i rhwystrir ar ôl deg cam gan y gadwyn am ei wddf. Cawn ein herlid am filltiroedd gan sŵn ei udo sy'n cael ei chwipio ar draws yr anialwch gan y gwynt.

Er gwaethaf fy syched, platiad o reis a sglodion a brynaf yn syth ar ôl cyrraedd pentref Tingri, clwstwr blêr o adeiladau hynafol sy'n gwarchod yr hen lwybr masnachol gyda Nepal. Roedd arloeswyr Everest wedi defnyddio'r lle fel canolfan. Draw ar y gorwel fe welwn Everest a Cho Oyu yn wych o wyn yn erbyn awyr las tywyll. Llowciwn y bwyd ac anfon y weinyddes 'nôl i'r gegin dro ar ôl tro i ail-lenwi'n platiau nes ei bod yn chwerthin yn wirion. Yna awn i chwilio am lety.

Cawn westy sydd ond wedi agor ers pedwar mis, gyda'r ystafelloedd yn ffurfio sgwâr o amgylch ffynnon. Blancedi glân a gwyn fel eira newydd ar welyau bendigedig o braf. Treuliwn y prynhawn yn eistedd yn yr haul ac yn golchi dillad ac yna'n hunain, ac yn eillio, gan fwynhau'r olygfa. Wrth iddi nosi awn i'r ystafell fwyta i yfed cwrw a mwynhau cwmni criw o Brydeinwyr ac Almaenwyr. Mae'r Almaenwyr yn teithio mewn tanc o fws arbennig a gwelyau yn y cefn, ac yno y cysgan nhw er bod yr ystafelloedd gorau yn Nhibet dafliad carreg i ffwrdd. Gwnawn ffrindiau â'r gweinydd a gwrddon ni wrth gyrraedd, a chawn blatiad o reis a llysiau a phentwr o grempogau am y nesaf peth i ddim ganddo.

*   *   *

Tingri (4350m), Mai 29
Noson arbennig o gwsg cyn llowcio brecwast cynnar wrth iddi oleuo—dŵr poeth gyda grawn, sy'n ddigon tebyg i uwd. Rydym rhy hwyr i gael crempogau, gan fod yr Almaenwyr eisoes wedi bwyta ac wedi gadael yn y tywyllwch. Gobeithiwn deithio tua 100 cilomedr, felly cychwynnwn cyn chwech. Dyma'r oerfel mileinaf eto. Gwisgaf ddau bâr o fenig, dau grys thermal a chôt drwchus, dau bâr o sanau, a balaclafa dan het wlân. Eto rwy'n dal yn teimlo'n noeth o oer ac mae'r aer rhynllyd

yn llosgi fy ysgyfaint. Codaf wddw'r balaclafa dros fy ngheg i geisio toddi rhywfaint ar yr awyr. Deffra'r haul yn raddol gan oleuo'r tirlun llwm a'n cynhesu ninnau nes bod yn rhaid aros bob chwarter awr i ddiosg cerpyn neu faneg arall. O fewn tair awr rwy'n taenu eli haul drostof fy hun.

Awn drwy bentrefi sy'n bodoli ar fap, ond sydd ddim ond yn ambell adeilad clai, caeau moel, anifeiliaid swrth a phlant budr yn gweiddi am 'Dalai Lama pictcha.' Cawn egwyl mewn dyffryn hir ar lan afon ddiog a daw tair jîp ar hyd y ffordd—yr un criw o Chineaid â'u camera ffilmio a gwrddon ni ddwywaith yn barod. Maent yn ysgwyd dwylo'n frwd gan wenu a gwthio poteli dŵr i'n dwylo yn ogystal â dau dun o ryw fath o ffa. Diflannant mewn cwmwl o lwch, ac alla i ddim peidio â meddwl fy mod yn destun ffilm neu raglen deledu ar sianel rywle yn China a elwir 'Yr hyn mae Gorllewinwyr gwallgo yn ei wneud ar wyliau.'

Agorwn y tuniau, ac er inni foddi'r ffa yn y jeli anghynnes gyda halen, mae'n dal i edrych a gwynto fel bwyd cath. Cegaid yn unig a allaf ei stumogi, er fy chwant bwyd. Yna down at adeilad ar lan afon a chaeau gwyrdd, a *yaks* yn sefyll yn ddiog yn y gwres. Bwyty ydi hwn, gyda nifer o gadeiriau a byrddau pren y tu mewn i ystafell dywyll. Ymunwn â thri chwsmer sy'n eistedd yn mwynhau'r haul ac yn gloddesta ar bentwr o wyau wedi'u berwi'n galed. Cawn gynnig halen o bowlen fetel, a bisgedi melyn. Gwyddwn na chyrhaeddwn y pentref nesaf, Nyalam, cyn diwedd y dydd, a chawn ein temtio i aros yn y lle hamddenol yma.

Cawr o ddyn â mop o wallt trwchus du wedi caledu ar ochrau ei ben sy'n rhedeg y lle. Cynigia fwy o wyau

120

wedi berwi mewn powlen bren fudr, a halen i'w daenu drostynt â llwy fetel fechan. Plyga tuag ata i dros y bwrdd gyda'r wyau. Yn ei wregys syml o ledr coch mae clamp o gyllell sy'n debycach i gleddyf. Mae gan y tri gŵr arall gyllyll yn eu gwregysau hefyd, ond rhai llawer llai. Rhyfedd, er yr holl wyau sydd ar werth wela i'r un iâr yma. Ar ôl llenwi'n pocedi â'r wyau, ffarweliwn â'r cawr cyfeillgar â'r gyllell yn y belt coch.

18

Gadael

Mae cymylau du bygythiol yn berwi ac yn lledu dros y mynyddoedd gwyn ar y gorwel wrth i ni ddringo bwlch Lalung La. Dechreua bluo'n drwm a diflanna'r haul. Mae'n boenus o oer a theimla fy wyneb fel petawn wedi cael pigiad gan ddeintydd. Yna mewn pant gwelwn nifer o adeiladau wedi'u hamgylchynu gan wal. Yn gwarchod y giât mae arwydd pren, pydredig ond croesawgar, yn datgan 'Comfortable Motel'. Sgrialwn i'r buarth fel ŵyn bach ac rydym yn cnocio ar y drws cyn i'n beiciau ddisgyn ar y cerrig.

Ar waliau moel yr ystafell mae haenen o faw, ac ar y llawr pridd mae stwff amheus o dywyll wedi caledu yn yr oerfel. Ar fframiau metel gwichlyd mae deg matres a charthenni budr, a thwll yn y gornel lle bu ffenestr, a darn o bren wedi'i hoelio'n gam drosto. Byhafia'r stof wrth i mi goginio pryd o gawl rwdan a macaroni cyn dianc o'r ystafell rynllyd i glydwch ystafell fyw y ferch sy'n gofalu am y llety syml. Mae'r to yn isel, ac yng ngolau canhwyllau gwelwn gadeiriau a byrddau yn llenwi'r lle, a sosbenni duon yn berwi ar stof fawr ynghanol y llawr. Y tu ôl i gownter pren yn y gornel mae pacedi glas o greision a photeli brown, ac yn gorffwys ar y cownter mae hen chwaraewr casét sgwâr yn poeri caneuon roc Indiaidd.

Mae'r ferch yn osgeiddig, yn meddu ar wên ddiflino a gwallt hir du sy'n sgleinio yng ngolau'r stof. Gwibia heibio gan brocio'r fflamau, troi'r reis yn y sosbenni neu gynnig mwy o ddiod i ni, yn ei chrys syml o wlân, gwasgod borffor drwchus, trowsus llwyd smart ac esgidiau cryfion du.

Rydym yn pendwmpian pan gyrhaedda ei gŵr a'i gyd-weithwyr yn cael eu hebrwng trwy'r drws gan slap boenus o wynt oer a phlu eira gymaint â nofelau sy'n toddi'n gyflym ar y llawr pridd. Diolch i'r gwynt a'r haul maen nhw oll yn edrych dipyn hŷn na ni. Gwisga'i gŵr gôt drom o ddefnydd garw a thri botwm ar y blaen. Mae'r pedwerydd ar goll. Ar bengliniau trowsus brown mae sgwariau o ddefnydd wedi'u pwytho'n gam, ac wrth iddo eistedd, sguba hi ei wallt hir o'i lygadau yn chwareus. O fewn dim mae'r byrddau dan eu sang gan blatiau o reis a photeli, ac mae'r ystafell yn llawn sŵn gweithwyr yn swatio rhag storm ac yn tynnu coes ar ôl diwrnod o waith. Erbyn hyn rydym yn cael 'nôl y poteli cwrw ein hunain.

Wedi gorffen bwyta, gosodir anferth o deledu ar y cownter a chlywn beiriant petrol yn tagu y tu allan. Yn fuan gwelwn lun budr ac aneglur mewn storm eira ar y sgrin; opera sebon Indiaidd sy'n cyfareddu'r Tibetiaid ac yn ein gyrru ni i'n hystafell rewllyd am loches.

* * *

Lalung La (5000m), Mai 30
Y bore 'ma mae carthen wen dros y wlad—yr eira trwm cyntaf i ni ei weld yng 'ngwlad yr eira'. Mae wedi toddi erbyn i ni gyrraedd copa Lalung La a dyma'r bwlch olaf ar y daith. O'n blaen yn llenwi'r gorwel mae côr o gewri gwyn, a'r tu ôl, anialwch llwm Tibet. Y tu hwnt i'r mynyddoedd mae dyffrynnoedd gwyrdd, trofannol Nepal.

Cyn gadael rhown gwpl o gerrig ar y carneddi o faneri lliwgar a sgarffiau gwyn, gan ysgwyd dwylo a gwenu fel ffyliaid. Rhaid gwisgo pob cerpyn ar gyfer y cymal nesaf o ddeg milltir i lawr allt. Deg milltir o osgoi tyllau, gwenu a chael ein taflu i'r awyr fel petaem ar gefn ceffylau gwyllt.

Ar y gwaelod gwelwn siop ac aiff Dylan i mewn i brynu diod. Wêl o mo'r ci sy'n llechu yng nghysgod y wal, a llama hwnnw ato gan frathu ei esgid a pheri iddo wibio i loches y siop gan regi. Ond mae o wedi rhwygo'r croen a rhaid golchi'r clwyf ag antiseptig cyn ei rwymo'n ofalus. Bydd rhaid disgwyl nes cyrraedd Kathmandu am y brechiadau rhag y gynddaredd.

Digon tawel ydym weddill y dydd wrth fynd heibio i gaeau gwyrdd a nentydd yng nghysgod y dyffryn sy'n araf lenwi â coed a llwyni. Wrth i'r haul ddiffodd cyrhaeddwn bentref tlws o dai cerrig llwyd a glas. Gerllaw mae mynachlog fechan ac ogof y chwedlonol Milarepa. Fo oedd un o'r mynaich cynharaf a threuliodd ei flynyddoedd olaf yn yr ogof; mae'n ffigwr sanctaidd i'r Tibetiaid. Er nad yw'n bell oddi ar ein llwybr, rydym bron â disgyn ar ôl brwydro yn erbyn y gwynt trwy'r dydd ac awn ymlaen i Nyalam.

Milarepa yw un o'r rhai cyntaf, ond nid yr olaf, i gofnodi iddo weld yr ieti; y creadur hanner dyn, hanner epa mawr gwyn blewog sy'n byw yn yr Himalayas. Hyd heddiw mae'r ardal yn llawn o bobl sy'n credu iddyn nhw weld ieti. Honna un stori fod benyw ieti wedi cipio bugail a'i orfodi i fyw yn ei hogof a rhannu ei gwely. Dihangodd ef trwy lunio esgidiau o flew iddi a lithrai i bobman ar yr eira. Mae Tibet yn frith o hanesion am yr ieti a does dim dwywaith nad ydi'r bobl leol yn eu credu.

Tref flêr ydi Nyalam a daflwyd at ei gilydd o boptu ffordd lychlyd gan gawr meddw a safai ar gopa un o'r mynyddoedd gerllaw. Diflanna copaon y rheiny i'r cymylau sy'n corddi'n wyllt uwchben, a rhua afon Rong Chu yn rhaeadr ewynnol orffwyll dan y bont goncrit sy'n arwain i'r dref.

Mae tyfiant gwyrdd ymhobman a dillad yn sychu y tu allan i'r cartrefi o bren a thoi sinc sy'n ffinio â'r ffordd brysur. Atseinia'r dref i gyrn ac injans y lorïau glas sgwâr ac arwyddion Bwdistaidd coch wedi'u paentio ar y blaen, a'r bysiau myglyd. Crwydra criwiau o ddringwyr a theithwyr fel defaid, ac mae'r Tibetiaid sydd wedi hen arfer, a diflasu, arnyn nhw yn syllu'n fud o ddrysau eu cartrefi. Mae mynyddoedd fel y cawr Shishapangma gerllaw, sydd dros wyth mil metr o uchder, yn denu'r dringwyr, ac mae Tibet ei hun yn ddigon o atyniad i'r gweddill.

Llogwn ystafell fechan ar ochr y ffordd a llwyddo i wthio'n beiciau i mewn hefyd cyn troi at y siopau a gwirioni fel plant wrth sylwi fod siocled go iawn yn cael ei werthu yma. Ar ôl llowcio bar neu ddau cawn bryd syml mewn bwyty moel yng nghwmni diflas y cwpl ifanc sy'n gweini arnom. Gorchuddir y ffenestr wydr gan arwyddion Chineaidd coch a gwyn.

*   *   *

Mai 30—Mehefin 1; Zhangmu, Tibet i Kodari, Nepal
Does dim golwg o'r haul heddiw, ac er ein bod yn dal o fewn Tibet teimlaf ein bod wedi gadael yn barod gan fod y tirlun bellach yn llawn coed, planhigion a thrydar adar. Teithiwn trwy ddyffryn anhygoel o lethrau mor serth fe

fyddai'n rhaid imi orwedd ar fy nghefn i weld y copa. Naddwyd y ffordd ar ochr y dyffryn, ac mae afon yn rhuo gannoedd o droedfeddi islaw a nentydd bychain prysur yn disgyn i lawr yr ochr ac o dan y ffordd a adeiladwyd yn 1969. Bydd yn cael ei chau'n aml, gan gerrig a mwd yn yr haf ac eira trwm yn y gaeaf. Gwelwn fyrdd o flodau coch a melyn, ac mae'r gwyrddni a'r olygfa anhygoel yn fy synnu o'r newydd bob tro y codaf fy llygaid o'r lwybr.

Mewn un pant cul sydd allan o gyrraedd yr haul, torrwyd llwybr trwy'r eira sydd yn codi dros ddeg troedfedd bob ochr i'r ffordd ac yn ffurfio pont dros yr afon. Bu'n rhaid torri'r llwybr trwy'r garreg mewn ambell fan a chodi to concrit i warchod rhag tirlithriadau. Heddiw dim ond trawstiau rhydlyd o ddur a darnau o goncrit yn diferu dŵr sydd ar ôl. Gwibiaf dan hwn a 'nghalon yn fy ngwddf nes cyrraedd cornel a gweld tref Zhangmu odanaf. Dyma'r ffin, diwedd y daith yn Nhibet.

Crafanga'r dref i ochrau'r dyffryn a amgylchynir gan goed trwchus ac adeiladau driphlith draphlith ar bennau'i gilydd. Llenwir y strydoedd gan ysbwriel, mwd a phlant. Mae pobl yn gwau trwy'i gilydd fel chwain, ac mae'r siopau'n gwerthu popeth dan haul, a mwy: crempogau siocled, tanciau ocsigen i ddringwyr, jîps a gyrwyr, neu gwmni merched am noson. Dyma le sy'n cyfuno'r gwaethaf a'r gwaeth o'r Gorllewin.

Ar ôl tawelwch a llonyddwch Tibet mae Zhangmu yn sioc. Dynion ifanc yn ein blino wrth gynnig newid arian neu gludo'n bagiau yr ychydig filltiroedd at y bont gyda Nepal. Gwerthwyr yn gweiddi ar draws ei gilydd, cŵn yn cyfarth, lorïau'n crensian gêrs ac yn chwydu mwg tywyll, drewllyd, a chwibanau swyddogion yr heddlu

126

wrth iddynt geisio cadw trefn. Dyma sut y dychmygwn drefi'r Gorllewin Gwyllt ganrif yn ôl yn America. Wrth gyrraedd y ffin a swyddfa'r heddlu rwy'n gweddïo'n daer ar ba dduw na fydd y cancr yma'n lledu i weddill Tibet.

Ar y ffin mae rhes hir o lorïau a bysiau'n disgwyl dan chwysu mwg a stêm. Rhaid iddyn nhw aros am ganiatâd cyn dadlwytho'u cynnwys i'w gario dros y ffin i lorïau eraill. System wallgof, ond ni chaiff unrhyw gerbyd fynediad i'r wlad. Mae golwg flin ar y gyrwyr yn eu cabanau lliwgar. Cawn stamp yn ein pasborts ac awn ymlaen i'r tir rhwng y ddwy ffin sydd ddim yn berchen i'r un wlad. Rhaid disgyn bron bum milltir i lawr allt fwdlyd, gyda cherrig anferth a ddisgynnodd rywbryd trwy lethr o goed trofannol. Lleddir pobl yn aml yma gan dirlithriadau. Dywed Americanwr sy'n gorffwys ar ochr y ffordd fod cerddwr o'r Gorllewin wedi'i ladd gan dirlithriad dair blynedd yn ôl. Rwy'n falch iawn o gyrraedd y bont, 'pont cyfeillgarwch', sy'n cysylltu Tibet a Nepal; pont fer ond uchel uwchlaw afon Bhote Khosi sy'n rhuo'n wyn odanom yn y dyffryn cul, coediog. Rwy'n chwysu'n drwm yn yr hinsawdd drofannol sydd mor wahanol i sychder Tibet.

Awn heibio'r milwyr a'u capiau'n dynn ar eu talcen a baner goch China'n chwifio o'r polyn uwchben. Sawl blwyddyn sydd ers imi weld llun y bont a breuddwydio am ei chroesi ar ôl teithio trwy Tibet? Mae'r olygfa fel dyffryn Glaslyn yng Ngwynedd, ond ar raddfa dipyn mwy.

Arhoswn hanner ffordd ar ei thraws i dynnu lluniau gan edrych yn od o debyg i'n gilydd: gwallt tywyll, crysau llewys hir, sy'n las o dan y llwch, a chadachau gweddi choch a melyn am ein gyddfau dan gysgodion barf a llosg haul. Dwy wên lydan yn coroni'r cyfan. Daw gŵr barfog yn gwisgo twrban wen atom o ochr Nepal a chynnig tynnu llun o'r ddau ohonom gyda'n gilydd. Wrth geisio egluro wrtho am ein taith a phwysleisio mai Cymry ydym, gwena a dweud iddo weithio yn Llundain am flynddoedd ac ymweld â ffrindiau yng Nghaerdydd droeon. Diolchwn iddo a derbyn ei longyfarchiadau gan deimlo'n hurt ac ar goll braidd wrth gamu ar dir Nepal.

Nid yw'r daith ar ben. Mae deuddydd arall cyn cyrraedd Kathmandu, ac wythnos cyn y gwelwn Bangkok, ond bellach mae 'gwlad yr eira' y tu ôl i ni. Edrychaf dros fy ysgwydd ac eisoes mae copaon Tibet wedi'u llyncu gan y cymylau ac rwy'n hiraethu'n barod. Trof a chamu'n gyflym i ganol y bont a dwndwr yr afon odanaf yn llenwi fy nghlustiau. Ond clywaf eto dawelwch Tibet a gwelaf yr awyr las fel môr ynysoedd Groeg, y mynyddoedd gwyn urddasol, a'r pentrefi bychain ar goll ynghanol tirlun llwm. Gollyngaf offrwm o ddarnau arian i'r afon a sibrwd gweddi dawel daer, y caf ddychwelyd ryw ddydd.